大国轻税

杨志勇◎著

SPM
南方出版传媒
广东经济出版社
·广州·

图书在版编目（CIP）数据

大国轻税／杨志勇著．—广州：广东经济出版社，2018.1
ISBN 978－7－5454－6021－6

Ⅰ．①大…　Ⅱ．①杨…　Ⅲ．①税收改革－研究－中国Ⅳ．①F812.422

中国版本图书馆CIP数据核字（2017）第319456号

出 版 人：姚丹林
责任编辑：温键键
责任技编：许伟斌
封面设计：回归线视觉传达

出版发行	广东经济出版社（广州市环市东路水荫路11号11～12楼）
经销	全国新华书店
印刷	东莞市翔盈印务有限公司 （东莞市东城区莞龙路柏洲边路段）
开本	730毫米×1020毫米　1/16
印张	12
字数	164 000字
版次	2018年1月第1版
印次	2018年1月第1次
印数	1～4 000
书号	ISBN 978－7－5454－6021－6
定价	35.00元

如发现印装质量问题，影响阅读，请与承印厂联系调换。
发行部地址：广州市环市东路水荫路11号11楼
电话：（020）38306055　37601950　邮政编码：510075
邮购地址：广州市环市东路水荫路11号11楼
电话：（020）37601980　营销网址：**http://www.gebook.com**
广东经济出版社新浪官方微博：**http://e.weibo.com/gebook**
广东经济出版社常年法律顾问：何剑桥律师

内容提要

轻税是相对而言的。同样水平的公共服务，所征的税越少，政府服务越有效。轻税应该与现代政府相伴随。大国提供公共服务，多有规模经济效应，是轻税目标实现的有利条件。中国是一个发展中大国，要迈向社会主义现代化强国，必然要在现代税收制度建设中贯彻轻税理念。本书除前言和结束语外，共分九章，内容既包括税收基础知识，也积极回应消费税税负、投资者税负、个人所得税、房地产税等社会热点问题。本书在不失专业性的前提下，以尽可能通俗易懂的语言，介绍税收专业知识，阐述未来税制改革和税收政策选择的看法。现代人已离不开税收。本书还可以帮助读者了解未来税制改革和税收政策选择的大趋势，以帮助读者进行消费和投资决策，同时也可供财税专业人士参考。

前　　言

为什么我要写这本书？时下各种涉税的书可谓汗牛充栋。本书不是“纳税筹划”类的专业书。纳税筹划可以减轻税负，但是那样的书确实太多太多了。我更希望通过本书传播税收的一些专业知识，让公众可以更深入地了解税收，掌握一些税收运作的规律，从而更明了税事，扮演好各自在现代国家治理中的角色。同时，我也希望本书能够有效传递“大国轻税”的理念，从而推进现代税收制度在中国的建立和完善。

税收是社会各界高度关注的焦点问题。中国应该有什么样的税收制度？税收政策应该如何选择？税负到底是轻还是重？诸如此类的税收问题，无疑都需要有明确的回应。税收和个人关系密切，现代社会中的每一个人都不可避免地要与税收打交道，于是所有人都可以根据自身生活体验给出自己的看法。这些看法无论如何，都代表了意见持有者的立场。这样的立场无论对错，都会对现实中的税收政策和税收制度选择产生或多或少的影响。可是，税收问题的专业性，决定了相当部分的看法是建立在立场持有者不了解税收专业知识的基础之上的。一旦此类相关知识能够得到普及，那么这样的看法就可能改变。相应地，税收政策和税收制度的选择就可能朝另外的方向进行。

中国是一个大国。13 亿人口、960 万平方公里的土地、各地经济社会发展的差距，决定了中国税收制度和税收政策不能不立足于国情。中国正在进行现代税收制度建设，就是要建立与大国地位相称的税收制度，促进国家治理的现代化。关于大国税收制度，仍有许多难题需要进一步研究。

税收政策的选择必须适应不同时期、不同公共政策目标的需要。公共政策目标的实现通常需要一整套的公共政策工具体系。税收只是其中之一。合理的税收功能定位，可以让税收作用得到更恰当的发挥。时下，关于税收功能定位的不准确甚至错误的说法还有不少。合理的税收政策选择必须拨开迷雾，才能识得税收之“庐山真面目”。大国税收政策选择的复杂性，需要税收知识的普及。信息在税收决策中有至关重要的作用。

“大国轻税”是中国税收制度和税收政策选择必须奉行的理念。“大国轻税”中的“轻税”需要理性看待。“大国”需要“税收”。没有税收，就没有公共服务。社会各界一直在呼吁减税。“减税”才能“轻税”。“大国”需要“轻税”。中国古代就有轻徭薄赋的政策，国际上也经常有各种各样的以“减税”为主题的改革。“轻税”与“重税”相对，是纳税人对税负的感受，是纳税人对公共服务有效性的高度评价。“轻税”不等于“无税”。轻税的“轻”是有限度的。税收制度和税收政策选择不可能有太多的鱼与熊掌兼得的事。

社会主义税收取之于民，用之于民。这样的表述我们早已耳熟能详，但是真正做到这一点并非易事。“取之于民，用之于民”不能停留在口号上。“大国轻税”强调取之有度，用之有法。中国目前的税收收入主要直接来自企业，因此，取之有度首先应围绕企业进行。企业是税收收入的主要源泉，没有了企业，也就没有了大部分税收。从这个层面上看，税收与企业应该是共生的。重税犹如杀鸡取卵。轻税才能保证税收收入的可持续性，保证税源的稳定性，实现税收与企业的共生。这就是投资者税负如何轻的问题。

当前，个人和家庭所直接提供的税收收入虽然有限，但是这样的税收收入未来还会以较快的速度增长，这样的税收负担更容易为个人和家庭所感受到。纳税的过程总是会带来各种各样的牺牲，税收的痛苦也变得习以为常。关键是：如何让个人和家庭的税负保持合理状态？如何让作为消费者的个人和家庭感受到税负的轻？如何让取得收入的个人和家庭感受到“轻税”？答案并不能容易给出。“轻税”不仅要作纵向比较，还要进行横向比较。国内经济社会的发展，对“轻税”提出了不同的要求。国际环境的变化，呼唤税制的国际竞争力。

税收不是对谁征收实际负担就落在其身上。税负转嫁与归宿问题，在实际当中总是不断地被提及。有一些似是而非的观点或看法值得剖析。

时不时可见“增值税是价外税，是层层转嫁的，因此，不存在企业增值税税负重的问题”。天哪！如果这种说法成立，那么我们又该如何理解一些企业抱怨增值税税负重呢？在许多时候，对一些看法的回应，只要稍加提醒就容易为人所明白。我们也总是遇到一个又一个的不容易说清或说清但不为人所接受的情形，这个时候也许困扰我们的是苦恼。为什么我们不容易说清，或者说清却不容易为人接受呢？这个时候，也许我们更想要的是巧舌利嘴，更想要的是辩才的尽情展示。但这又谈何容易呢？谈到税负转嫁问题，我们又会遇到消费税的负担难题。为什么海外购物蔚然成风？除了商品品质之外，税收也是重要原因之一。那么，这种状况形成的机理又是什么呢？不管怎么说，税负转嫁与归宿问题，是“大国轻税”必须处理的问题。税负能够顺利转嫁，那么再重的税也可能是“轻税”。

税负的轻重，在许多时候，是海内外比较的产物。放眼世界，这个问题甚至没有明确的答案。即使有解，也应该不是那么好理解的。本书将对“大国轻税”这一理念作全景式的展示，在强调专业性的同时，注意和现实相结合，特别注意用尽可能通俗的语言，介绍税收专业知识，阐述税收政策主张。读者可以通过阅读理解税收的逻辑，更好地把握税收政策，更好地进行决策。本书适合社会各界对税收问题感兴趣、关心中国税制改革和税收政策的人士阅读。

本书除了前言和后记外，共分 10 章。本书在介绍税收学基础知识之后，分专题阐述消费者如何轻税、投资者如何轻税、个人所得税如何轻、房地产税如何轻等，尔后分析税收决策的信息因素，最后给出“大国轻税”的一揽子政策清单。未来税收图景如何？这在很大程度上取决于未来社会。只要国家存在，“大国轻税”理念就有存在的必要。具体税收制度和税收政策选择应当与变化的经济和社会相适应。

杨志勇

2017 年 8 月

目　　录

一、“大国轻税”：与国家治理现代化相匹配的理念

“大国轻税”并不是“拔鹅毛的艺术”，因为这不符合现代社会的要求。既要鹅毛拔得多，又不能让鹅叫，但是鹅的“幻觉”最多只能保持一个时期；持续拔毛，当鹅毛都快拔光时，鹅即使没感到疼，也会对自己的丑陋忍无可忍。现代社会的“轻税”应该更多的是税收的透明决策，让公众真正体会到税负的轻。

轻税需要通过减税的方式来实现。轻税不等于不征税。轻税是一种心理感受。负担税收的人群分布会导致不同的税负感受。“大国轻税”在中国实现具有规模经济、国有经济、工资较低等有利条件。只要政府能够从其他地方获取财力，那么“轻税”就更容易实现。

轻税与减税

中国税收制度的现代化建设和税收政策的优化亟待确立“大国轻税”理念。现代社会离不开税收，但是对国家征税的多少以及如何征税争议很大。国家收的税多，则百姓所能留下来的可支配收入就少；反之，百姓的可支配收入就多。减税可以让税负更轻。

减税在一定程度上可以促进“民富”，但是减税有限度。如果减税已经影响政府的正常运转，或者减税导致政府债台高筑、债务负担沉重，那么这样的减税就可能得不偿失，因为政府的债务负担最终还是要靠老百姓来偿还。此间必有一个权衡取舍的问题。在减税的同时削减政府支出，那么减税空间就会相应扩大。一方面减税，另一方面财政支出在扩大，那么财政风险就可能集聚。在一些发达国家，减税容易得到民意支持，而削减支出不容易得到支持；一意孤行削减支出则执政党容易被赶下台。一般的政治家多不愿意尝试削减支出的政策，除非迫不得已。在这些国家，减税容易捞到选票，主张更高水平的社会福利也容易得到选票，纯粹的民粹主义主张的结果必然是这些国家的主权债务危机，甚至导致财政的不可持续，带来严重的国家危机。2008 年以来欧洲一些国家的主权债务危机就是明证。天底下何来免费的午餐？要享受超越经济水平的社会福利，就必须付出代价：或者是短期的，或者是中长期的。在西方所谓的现代民主制度下，减税与削减支出往往很难同时做到。

实际上，现代国家都有内在的财政支出扩张倾向。如果不能有效控制财政支出，那么再多的税收也是不够用的，更遑论进一步减税？减税不能为减税而减。减税需要空间。减税或者是财政政策实施的需要，以短期减税换来更快的经济增长，让经济增长带来中长期更多的税收收入；减税或者是因为既有的税收制度不合理，税收负担太重或不适合当下经济社会发展的需要，以减税换取社会所需要的经济效率和公平正义；减税或者是因为国家找到了更加可靠的收入来源，可替代财源的出现为减税提供了空间；减税或者是因为国家财政治理方式发生了很大的变化，税收制度需要作根本性的变化。减税可能还有其他的理由。但不管什么样的理由，都不太可能无限度地减税。

在这样的背景下，现代国家必须而且只能以“轻税”为中心构建新的税收制度。按照“轻税”理念建立的税收制度，符合公共服务型政府建设要求，可以得到广大人民群众的真正拥护。

“轻税”： 古今中外的诉求

国家治理的现代化对“轻税”有了更多要求。经济全球化和一国国情都会要求对“轻税”有新的理解。

古代中国即有“苛政猛于虎”的说法（见专栏1－1）。

专栏1－1 苛政猛于虎

孔子过泰山侧，有妇人哭于墓者而哀。夫子式而听之，使子路问之，曰：“子之哭也，壹似重有忧者。”而曰：“然。昔者吾舅死于虎，吾夫又死焉，吾子又死焉。”夫子问：“何为不去也?”曰：“无苛政。”夫子曰：“小子识之，苛政猛于虎也。”（资料来源：《礼记·檀弓下》）

这段话的意思是，孔子路过泰山时，见到一位妇人在墓前哀哭，让弟子子路过去探问。妇人回答说，当地虎患严重，舅舅、丈夫、儿子都死于虎口。孔子问她为何不离去，她的回答是这里没有“苛政”。“苛政”之中，有相当多成分就是沉重的税负。“苛政”实施时，为了躲避沉重的税负以及其他负担，人们不畏猛虎威胁躲进深山老林。“轻徭薄赋”更是追求盛世的农业社会统治者的标配。可以说，在中国古代，“轻税”理念早已有之。但是，农业社会的“轻税”或者是较为简单的理财规则，到了现代社会就不能不作相应的调整和改变。

古代社会是相对封闭的社会，一国税制的确立在很大程度上只看本国因素就可以了。现代社会是开放的社会，国际经济社会交往的增多，意味着“轻税”不能只是根据本国国情作出判断，而需要和国际社会作横向比较。全球化时代的到来，国际税收竞争的激烈程度前所未有。一方面，世界主要国家在商讨税基侵蚀和利润转移的共同应对之策；另一方面，各国又在税制选择上角力，一国的减税就可能是那只带来混沌效应的蝴蝶在舞动翅膀。爱德华·洛伦兹在美国科学发展学会第139次会议上发表的演讲中有一句话：“巴西一只蝴蝶轻轻地扇动翅膀，美国的德克萨斯州就会掀起一场龙卷风。”其原理是这样的：巴西亚马孙森林里的一只蝴蝶扇动翅膀，也许会带动其他蝴蝶也扇动翅膀，从而导致空气系统发生变化，并产生微弱气流，而这又会引起四周空气或其他系统产生相应的变化，一系列的连锁反应之后，遥远的德克萨斯州就可能出现龙卷风。这就是混沌理论通常所说的“蝴蝶效应”。

一件事导致另一件事发生的例子比比皆是。蝴蝶效应说的是小小的一件事可能导致一件大事的发生。当发生的事本身就有足够大影响力的时候，那么它所带来的冲击就绝不可小觑。美国特朗普总统上台之后，就一直在酝酿以减税为主要内容的税制改革。改革方案尚在讨论之中，虽然现在还很难预测美国税制改革的真正推行之日，也很难预测具体的改革方案，但是，减税是确定的。减税意味着税负的减轻。美国作为世界第一大经济强国，减税的影响超过了其他所有国家。在这种条件下，中国必须采取积极的应对之策。要进一步落实减税政策，并做好必要的政策储备工作，以更加有效地应对美国减税所带来的挑战。这就是说，“轻税”在全球化条件下，必须能够在国际税收竞争中处于有利地位。

轻税≠不征税

“轻税”的“轻”不等于不征税或征税越少越好。“轻”对应的是“重”。税负的轻重需要理性看待。在经济社会发展的不同阶段，人们对公共产品和公共服务的需求不同。我们很难想象这样的情形：一方面需要数量众多的高品质的公共产品和公共服务，另一方面又不愿意承担相应的成本。现代社会，税收是人们为了享受公共产品和公共服务所支付的价格，也就是公共产品和公共服务提供的成本。“轻税”就是要降低公共产品和公共服务的成本。有效提供公共产品和公共服务，其中的重要指标之一就是提供同样数量、同等品质的公共产品和公共服务所耗费的成本。成本越低，即所耗费的税收数量越少，那么这样的税负相对而言就是轻税负。所谓“轻税”，是相对而言的。一国可能提供很多很好的公共产品和公共服务，那么在这种情况下，宏观税负（用税收收入/国内生产总值表示）即使较高，也容易为社会所接受。而对于另一国，宏观税负较低，假设前述国家的税负是60%，这一国只是10%，但是这个国家所提供的公共产品和公共服务很少且品质低劣，那么这样的国家从表面上看税负较低，但实际上社会所感受到的是更加沉重的税负，因为人们缴纳税收没有得到相应的公共产品和公共服务。现实中，北欧国家所提供的社会福利水平比较高，但也有较高的宏观税负。一般认为，二者是相称的，较高的税负并不意味着税负是人们所不能接受的重税负。再假设一个极端的例子，某国宏观税负只有1%，在国际上，这样的税负肯定是低的，但是如果这一国几乎不提供公共产品和公共服务，那么即使如此之低的税负，人们也不见得愿意接受，这样的税负也就不是所谓的“轻税”。

轻税是一种心理感受

“轻税”在很大程度上又是一种心理感受。社会主义税收取之于民，用之于民。税收从老百姓中来，又回到老百姓那里去。做到了，老百姓会对税收工作感到满意，并支持税收工作。但是，税收的筹集和使用并不是税收部门一家就能完成的，也不是税收部门、财政部门、海关部门就可以全部做到的。所有使用财政资金的部门、机构和个人，实际上都在税收工作上扮演着重要的角色。税款不应该被用到不该用的地方去，税款不应该被浪费，税款也不应该低效率使用。只有这样，“取之于民，用之于民”才能真正落实。“轻税”在这里的要求是政府部门的有效运作。例如，新能源汽车的财政补贴就应该用到实处，应该真正体现公共政策的目标和要求。倘若财政补贴没有换来新能源汽车的“弯道超车”，没有真正培育起有竞争力的新能源汽车行业，那么政策目标就没有实现，“轻税”之感不能说没有，但至少要打很大的折扣。“轻税”不是“拔鹅毛的艺术”所能涵盖的。法国路易十四时期的财政大臣柯尔贝尔（Jean-Baptiste Colbert，1619—1683）所说的“征税是拔鹅毛的艺术”不符合现代社会的要求。既要鹅毛拔得多，又不能让鹅叫，但是鹅的“幻觉”最多只能保持一个时期；持续拔毛，当鹅毛都快拔光时，鹅即使没感到疼，也会对自己的丑陋忍无可忍。现代社会的“轻税”应该更多的是透明决策，包括征税。

轻税与税收负担的分布

“轻税”还应该表现在税收负担分布的合理化上。不同的人群税负如何分布就是一个问题。如果一个社会，富人缴纳的税收少，穷人缴纳的多，那么这样的社会无论如何都不是一个“轻税”社会。金融大鳄巴菲特说他所缴纳的税收比他的员工要轻，这是一个问题。但是，问题需要更进一步的分析。巴菲特的税轻，是因为他的收入来源主要是资本利得，而他的员工主要是工资薪金所得。主要国家都对资本利得实行税收优惠政策，原因是资本利得的税负最终会体现在资本身上，而且不实行税收优惠容易导致资本的重复课税。要解决巴菲特的税收难题倒也简单，但是这需要挑战现行的资本利得课税制度。凡事皆有因，巴菲特的税负可以很容易上去，但是资本的重复课税问题就可能暴露出来。按下葫芦浮起瓢，问题需要统筹解决。时下，也许较好的办法就是巴菲特继续在慈善事业上多做贡献，把自己认为少缴纳的税收捐献给社会，从而实现他所理解的社会公平。

专栏1-2　巴菲特晒自己税单称税负太低　疾呼向富豪加税

2011年8月，世界巨富巴菲特（Warren Edward Buffett）在《纽约时报》撰文晒自己的税单称，2010年他向联邦政府支付了6 938 744美元的税款，但是，作为亿万富豪，他所适用的税率甚至低于自己办公室的所有普通员工。他说，他的朋友和他自己作为亿万富翁，长期以来被国会过分宠爱。在他看来，近700万美元的税款看上去是一大笔钱，但是他所适用的税率实际上只有17.4%（税款与应税所得之比），而在他办公室工作的其他20人中的任何一个税率都比他高，他们的税率从33%到41%不等，平均为36%。因此，他呼吁对富人多征税，才能恢复美国人对国会应对国家财政问题的信心。投资者的税收优惠政策在他看来作用有限。他认为，他投资60多年，没看到谁会因为税率的潜在增长就放弃效益不错的投资项目，即使在资本利得税率高到39.9%的1976—1977年也是如此，投资是为了赚钱，潜在的增税从来不会让他们退缩。他撰文的目的是敦促美国国会通过新的立法，向超级富豪征收更高的税，以帮助国家削减赤字。他认为这样的增税不会影响投资。

（资料来源：http://www.cs.com.cn/xwzx/14/201108/t20110815_3010639.html）

当然，这种少和多只能用相对数来表示。从绝对数来看，富人通常缴纳的税额多于穷人。法国经济学家皮凯蒂在《21世纪资本论》中论证了资本的回报率高于经济增长率的观点。显然，如果这种论证完全能够成立的话，那么资本的回报超过劳动所得就是常态，相应地，政府需要对资本持有者课以重税就理所应当。当然，皮凯蒂的观点遭到了众多质疑，还不能得到社会各界的普遍认同。

一般社会不会满足于富人和穷人就收入缴纳同样比例的税收收入，这只会导致穷人更沉重的税收负担，“轻税”社会不可能因此而形成。如果一个社会中，富人有更多的逃避缴纳税款义务的机会，那么这样的社会肯定不是我们所追求的“轻税”社会。现实中，我们看到不少私企老板几乎不从自己的企业支取工资薪金，而一切开销基本上通过企业进行。这种做法所导致的结果是私企老板不仅逃避了个人所得税，而且因为私人开销增加了企业的成本费用，导致企业所得税也相应地少缴。经济转型期，现代化制度尚不够健全，现金交易比比皆是，收入不报瞒报少报问题较为突出，高收入者反而有了更多的逃避缴纳税款义务的机会，这也带来了税收负担分布的不均。国家正常发展所需要的税收可能较多地落在收入不那么高的人及税款逃避较少的人身上，从而让这些人无法产生“轻税”之感。

轻税：横向比较

我们经常会比较不同国家之间的税负，看看孰轻孰重。国与国之间的比较会遇到口径问题。例如，中国没有社保税，但许多国家有，这样，比较税负就得注意口径的统一，不能有的国家收入算了社保，而有的没有。只是收入一侧的比较容易产生误导，因为同样的税收负担对应的是水平不等的公共服务。这样横向比较难度就会很大。试想，当一国公共部门冗员冗费问题严重时，税收收入再少都可能被视为重税国家。

前些年，福布斯排行榜老是惹人关注。特别是，中国经常被当作税负第二重的国家。这就涉及排序方法是否合理的问题，涉及排序是为什么而进行的问题。简单的抨击是无济于事的。事实上，这样的税负比较不是对一国国内居民而言的，而是针对特定条件下特定人群，即对可能的跨国就业者，可能的跨国投资者有参考价值，便于他们估计投资成本。

轻税：纵向比较

根据时间的不同，一国税负可以作纵向比较。一般采用的指标是税收/GDP（或财政收入/GDP、政府收入/GDP）。也有的采用简单的方法，即几个人养一个公务人员。古代政府事务简单，很多人养一个公务人员很正常。不能简单地得出因为公务人员负担重从而现代人税负重的结论。

不同时代有不同的经济结构，政府课税和经济结构有着密切关系。在农业社会，很难想象政府能不对农业课税。中国古代，田赋收入是政府收入的重要来源。但是进入工业社会之后，到2006年，延续了两千多年的农业税基本上进入了历史。后工业化社会，第三产业肯定会成为税收收入的重要来源。电子商务的兴起，一开始只是局部现象，为了鼓励，政府可以对电子商务课税采取优惠甚至免税的做法。但是，随着电子商务的普遍化，税源在很大程度上从线下搬到了线上，再以电子商务需要得到鼓励为由排斥电子商务课税，就不符合时代的要求。

税负轻重：税制结构因素

中国的税制结构以间接税为主，间接税税负是最重要的税收负担。富人可能有更多地在海外购物从而可以少负担国内增值税和消费税的机会，而穷人缺少这样的机会，这样的状况对穷人是不公平的。增值税17%的基本税率堪比税率较高的欧洲国家，在此基础之上，征收面较广且税率较高的消费税让不少商品的消费需要承担较重的税负。当国门打开之后，不同群体之间的税负感受可能变得更加明显。随着跨境代购以及电子商务的兴起，中低收入者也逐步有了类似的机会，税负不公平感相应下降，但机会总体上看还是不如高收入者。有意思的是，如果各个群体都有了足够多的海外购物的机会，那么间接税高税负的税收制度就必须改变。

税负轻重：区域因素

由于经济结构的差异，不同区域的税收负担可能不同。以第二产业为主的地区可能要承担较重的税负，第一产业占据重要地位的地区税负相应地较轻，这与税收制度建设有关。取消农业税之后，第一产业的税收贡献率相应下降，这符合国家“三农”政策的要求。

各地的自然条件不同，税源结构有很大差异，从而带来不同的税收收入。资源税除了海洋石油之外，其他都是地方税收收入。中西部地区资源相对丰富，资源税收入在资源税从量征收改从价征收之后，增长很快。2016 年下半年和 2017 年以来，由于煤炭等资源价格的较快上涨，中西部煤炭资源丰富省区税收收入增长很快。但是，这部分税收收入的负担在很大程度上不会落在当地人民身上，而是转嫁给使用煤炭的地区。

由于各地所处的发展阶段不同，总部经济的发展有很大差异。在北京、上海、广州、深圳等大城市，总部经济发展较快。现实中税收收入有相当部分是要在总部所在地缴纳的。这样，我们会看到这些地方的宏观税负率可能较高，但实际上，当地人民的税负不见得就高。而且相反，由于有外来税源的汇入，当地人民的实际税负可能要轻得多。这是区域税负比较时需要注意的。

“大国轻税” 的有利条件

中国正处于经济社会全面转型关键时期，税收制度不合理的状况还不同程度地存在着，这在很大程度上影响了“轻税”社会的建设。无疑，这需要进一步深化税制改革，又需要人们更新财富观念。深化税制改革，让税收制度更加合理，让税收征管更加积极有效，可以促进税收负担分布的公平。财富观念的更新需要时间的沉淀，无法一蹴而就，这就更凸显税制改革的迫切性。

中国是一个大国，在全国性公共产品和公共服务的提供上具有规模经济优势，这是中国建立现代税收制度可以按照“大国轻税”理念进行的极为有利的条件。中国人口多，工资相对较低，以劳动密集型为特征的公共服务的提供具有成本上的优势。国有经济还占有相当重要的地位，国有经济、国有资源、国有土地等所提供的公产收入能够替代部分税收收入。中国还处于一个许多事情靠家庭来办理的阶段，政府因此可以减轻部分公共服务的支出压力，为“轻税”提供了有利条件。“轻税”目标不会自动实现，需要在法治社会建设中逐步去实现。税收负担分布格局的调整，也非易事，其中涉及的既得利益集团，会千方百计加以反对。

但是，只要按照现代国家治理的要求，加大政府信息公开力度，按照税收专业性的要求，设计合理的税收制度，因应税收征管的现实而调整税负分布的格局是可以做到的，“大国轻税”目标也是能够实现的。

轻税如何可能：政府的收入不只是税收

国有经济可以提供政府收入

轻税不是彻底地免税。政府取得收入的方式确实不一定只能依靠税收。在计划经济时代，“非税论”流行，税收不仅尽可能简化，而且税收所提供的收入非常有限，国有企业上缴利润（企业收入）成为政府收入的最主要方式。这样的制度安排无助于经济效率的提高，最终税收制度又一次得到重视，国有企业课税的禁区也被打破，税收收入重新成为政府收入的主要组成部分。这是历史上曾经发生的事。国有经济仍然大量存在，国有资本经营收入有可能成为政府的主要收入吗？显然，这取决于国有经济未来的走向。

资源收入：不太可靠的政府收入

现实中，有一些资源丰富的国家，特别是石油资源丰富的国家，在油价高企时，依靠石油收入就可以轻轻松松运作。如今，油价不在高位。有的国家当即陷入了财政危机当中。就拿南美洲的委内瑞拉来说吧。委内瑞拉人口不多，仅仅三千多万，国土面积约92万平方公里，但石油储量丰富，约占世界的4%，居南美洲第一位。作为石油输出国组织成员，委内瑞拉长期依靠石油收入来支持运作。在石油价格高企的年代，政府包揽了几乎所有人民的一切开支。但是，随着油价下降，国家财政陷入危机。仅靠石油出口已经不足以支持国家的运行，政府没有足够的财力支持来进口物资养活三千多万人民。委内瑞拉由于石油资源丰富，没有多元化发展经济，石油一直占出口收入的八九成。在日子好过的时期，政府将私人企业收归国有，分配物资，补贴人民生活，倒也没有太大问题。油价下跌之后，政府要求企业低价出售商品，企业难以为继，不愿多生产也无力多生产，结果导致商品短缺，物价飞涨，国家陷入危机。委内瑞拉的经历为资源诅咒国家再添一实例。资源贫瘠国家由于生存压力大可能更加努力，资源丰富国家缺乏生存压力，安于现状，结果一旦与资源有关的外部冲击因素形成，就会陷入艰难境地。委内瑞拉的经历也是税收可替代收入不牢靠的一例。

博彩收入：更不靠谱的收入

中国澳门地区有相当部分政府收入来自博彩业。历史上，在特定时期，地方政府也曾通过博彩收入筹集资金。

晚清时期，张之洞（1837—1909）任两广总督期间，为了筹措财政资金，甚至通过开放博彩业取得收入。张之洞，字孝达，号香涛，又是总督，称“帅”，因此被称为“香帅”。香帅本为翰林，奈何与赌业恶名联系在一起？迫不得已而为之。1884 年，张之洞出任两广总督，在越南进行的中法战争需要军费，正常筹措几无可能。张之洞顺应两广地区人民的习惯，开放“闱姓”博彩业。在张之洞之前，广东巡抚郭嵩焘就这么做了。郭嵩焘在 1863—1866 年当巡抚期间，例行抓赌，遇到赌徒愿意交罚款代替受刑的情形，后顺势而为，以罚代禁，因此开放“闱姓”博彩。博彩业经营者缴纳一定银圆后获得数年经营“闱姓”博彩业的资格，政府取得收入，业者获利。“闱姓”是清末流行于两广地区的猜科举考试中榜者名字的一种赌博活动，因旧时代称科举考试场所为“闱”而得名。乡会试或岁科试前，庄家将应试者每人的名字印在纸上，定价出售，由购买者填选可能中榜者的名字，发榜后，按猜中的多少兑奖。

“闱姓”的具体操作是这样的：由庄家确定 80 个姓氏，印刷成“刊单”，分两栏列举“小姓”和“大姓”。前者圈 20 个；后者中榜率高，禁止下注。以猜中姓氏的多少决定输赢。每票 1 元，不限购买上限。开奖时，以 1000 票为“一簿”进行查对。猜中最多的是“头彩”，依次是“二彩”“三彩”。“一簿”为单位发放奖金。一簿总赌金 1000 元，奖金占 60%。一二三彩按 3：2：1 发放，即头彩 300 元，二彩 200 元，三彩 100 元，庄家净得 400 元。

最著名的“闱姓”经营者是刘学询。他获得广东“闱姓”第二期（1890—1896）承包权，承包费 440 万元，另加 80 万元的“报效银”。他号称“文可华国、富可敌国、妾可倾国”。如今杭州西湖国宾馆的刘庄曾经是他的产业。他是张之洞的钱袋子，李鸿章晚年倚重的助手之一，又是孙中山的好朋友。“闱姓”在运作中，还发生过操纵科举的问题，损害了科举制度的效率。但是，“闱姓”一直到 1905 年（光绪三十一年）科举制度废除之后才真正消亡。

博彩业可以为政府提供一定的收入，但是，大国不太可能完全依靠博彩业收入。当前，中国体育、社会福利彩票的发行确实能给政府提供一定的收入，但这样的收入距离税收收入被替代则不啻十万八千里。

铸币税收入：未来可能真的替代税收收入？

在货币经济下，各国中央银行发行货币获得铸币税收入。铸币税本身不是税，但各国政府均因发行货币而获得数量不等的利润收入。既然是货币经济，货币是交易不可或缺的媒介，政府有没有可能直接“抽成”获得铸币税收入，而不再谋求其他收入呢？理论上这可能是存在的。

二、税是什么？

美国的国父之一本杰明·富兰克林（Benjamin Franklin，1705—1790）说过，这世界上能够确定的两件事是死亡和税收。现代国家离不开税收。

税收与我们密切相关。长期以来，“社会主义税收取之于民，用之于民”一直是中国税收工作的宣传标语。从1992年开始，每年的4月份是中国的“税收宣传月”，关于税收的宣传报道更是铺天盖地。

2008年国际金融危机爆发之后，为应对未来可能发生的金融危机，一些国家建议全球开征银行税，这一方案迄今尚未成为现实。2010年，澳大利亚总理陆克文辞职，原因之一就是他力推的资源税改革不得民心。2017年，特朗普就任美国总统，他所推行的以减税为中心的税制改革，举世瞩目。

2012年1月1日，中国在上海对交通运输业和部分现代服务业开始营业税改征增值税（“营改增”）的试点；2016年5月1日，“营改增”开始全面试点。2013年11月12日，十八届三中全会通过《中共中央关于全面深化改革若干重大问题的决定》，标志着以建立现代财政制度为目标的深化财税体制改革的全面启动，意味着建立现代税收制度、实现税收治理的现代化已经成为全面深化改革的一项重要目标。

税收与个人

税收问题，很容易成为社会关注的焦点。2006年，中国取消了农业税。这标志着自公元前594年“初税亩”算起的已有2600多年历史的农业税的终结，中国农民负担大为减轻。2007年，中国首次开始要求年所得12万元以上的个人自行申报个人所得税。这是完善个人所得税制的一件大事。个人所得税工资薪金费用减除标准是否应该进一步提高，引发了很多争议。2005年9月，全国人大还为此专门召开了听证会。

资本市场是社会主义市场体系的重要组成部分。税收直接对资本市场产生影响。2007年5月29日深夜，证券交易印花税税率从1‰上调到3‰。30日，中国股市应声下挫。此次股市下挫的原因很复杂，但是，谁又能说证券交易印花税税率的调整与此完全没有关系呢？同是赚钱，为什么从股市交易中赚的就不用缴纳个人所得税？开征资本利得税的传言不绝于耳。资本利得税到底是什么样的税收？真的开征资本利得税，对中国资本市场的发展会有什么样的影响？

国家曾经对居民储蓄存款利息征收个人所得税，但现在处于暂时免征阶段。个人的存款利息所得课税原因何在？未来有无恢复征收的可能？和个人相关的征税问题还有许多许多。2010 年，随着房地产价格的高涨，对个人住房征税问题引起了很大的争议。《中共中央关于全面深化改革若干重大问题的决定》明确了“加快房地产税立法并适时推进改革”。无论是哪种形式的房地产税，真的就能降房价吗？税收调控房地产市场已有先例。之前，二手房市场加强税收调控的政策出台之后，结果往往是房地产市场价格不听使唤。调控越多，房价似乎涨得越快。税收调控如何才能有效发挥作用？

上网购物已成为许多人日常生活的一个部分。各地实体店大规模关门，或可解释为自我调整，但新经济时代消费体验已经在发生变化。随着电子商务的普及，个人电子商务还能完全免税吗？个人所得税是以个人为单位，还是以家庭作为单位，对不同个人的影响是不同的。前些年，《福布斯》杂志说中国税负痛苦指数在全球排行第二。中国纳税人真的有那么痛苦吗？

税收与企业

税收与企业经营也密切相关。2008 年，中国的内外资企业所得税制实现了统一，内资企业和外资企业享受同等的税收待遇。外资“超国民待遇”成为历史，仅为税收优惠而成为“假外资”从此没有任何意义。

对企业怎么征税直接影响着投资决策。取得投资税收抵免或者其他投资税收优惠政策能够促进企业投资。对企业股权融资与债权融资的不同税收待遇，也会影响企业的资本结构选择。

2009年，中国进行了增值税转型改革，增值税从生产型开始转向消费型；2016年5月1日，新增不动产进项税额可以得到抵扣。可以抵扣的进项税额多了，企业的税负下降。这对缴纳增值税的企业来说，无疑可以降低税负。

中国正在进行资源税制改革。从量计征改从价计征，在资源价格上涨的背景下，企业的资源税负必然上升。这是否会影响到企业的正常生产经营活动？为了减轻企业的综合负担，煤炭资源税改革时启动的资源税费综合改革可圈可点，资源企业的综合负担不增加，成为改革中的一项重要任务。

为了应对全球气候变暖，碳税成为一个热门话题。中国是否应该开征碳税和碳关税？中国的企业能否承受得了这些新税种的冲击？这是一个非常复杂的问题。人类到底能在多大程度上影响气候，这在科学上是一个悬而未决的问题。即使人类能够影响气候，各国对气候的影响程度又该如何确定？如何通过税收来加以补偿呢？对于各国来说，这是一个成本分摊的经济问题，对企业来说，更是如此。而且，从根本上看，各国最终确定分摊成本的过程必然要履行相应的政治程序，因此，这归根到底是一个政治问题。

现实中，各国为了鼓励慈善事业的发展，对自愿捐赠的企业和个人多作了税收优惠的规定。那么，什么样的企业和个人税收优惠政策才是合理的？减免税的程度如何才是最理想的呢？有税收以来，就有逃税避税。利用税制漏洞进行避税，已经成为一个巨大的产业。一些文化艺术品交易价格飙升的背后，或许就有着税收因素。

税收与国家（政府）

现代市场经济是由私人经济和公共经济组成的混合经济。现代人的一生都与公共部门经济活动密切相关。就日常生活而言，我们可能一来到人世间就和公共部门打交道。我们中的许多人是在公立医院中出生的；当我们长大之后上学，大部分上的还是公办学校，首先享受的是九年制或者更长时间的义务教育；中学毕业之后，大部分人上的大学还是公办大学；毕业之后，有许多人在公共部门就业，如财政部门、税务部门、海关、中央银行、工商行政管理部门、国有银行、国有企业等等；最后，当我们远离人世，许多人最终的归宿是公墓……这些公共部门（国家或政府）之所以能够正常运作，很大程度上依靠的是税收。作为一个社会的公民，我们还担负着纳税的义务，有了收入，我们可能要交纳个人所得税；购买商品、享受服务时，实际上我们所支付的价格中就包含着税收。

税收与政府收入

税收是现代国家（政府）收入的主要形式。现代国家（政府）收入的形式包括：税收、收费、国有企业利润上缴、私有化/出售、公债、彩票收入、捐款等等。其中，税收是政府最主要的收入形式。

税收是政府将资源从私人部门转移到公共部门的手段之一。当然，政府转移资源还有其他的手段，例如通过发行大量纸币，让货币贬值。[①]通过货币贬值的办法取得收入，又被称为课征通货膨胀税。政府还可能通过对自己提供的产品和服务收费的方式，取得资源，但不是所有的服务都容易取得收费。政府还可以借债取得收入。税收和其他收入形式不同，具有强制性、固定性和无偿性形式特征。

自 1978 年以来，中国财政收入和税收收入规模逐步扩大。2016 年，中国一般公共预算收入（即通常所说的财政收入）为 159 604. 97 亿元，税收收入更是达到 130 360. 73 亿元，而 1978 年仅为 1 132. 26 亿元和

① 西蒙·詹姆斯、克里斯托弗·诺布斯：《税收经济学》，罗晓林译，北京：中国财政经济出版社，2002 年，第 7 页。

519.28 亿元。[1] 税收收入已经是财政收入的最重要方式。

税收与政府调控经济

税收不仅仅是政府取得财政收入的重要形式，它还是政府调控经济的重要手段之一，是公共政策的重要组成部分。适当的税收政策有助于效率与公平目标的实现。不适当的税收政策，只会增加人民的负担，对经济和社会发展造成负面影响。

美国次贷危机引发国际金融危机。应对危机的资金应该是纳税人买单吗？对银行课税筹集资金可行吗？2008 年以来，国际金融危机肆虐全球。为了应对国际金融危机，挽救各种各样的金融机构，各国政府付出了高昂的代价。金融机构在经济繁荣时期赚取高额利润，而在陷入危机时让纳税人买单，这样的做法显然不具有可持续性。因此，不少国家酝酿对金融机构征税。

税收的形式特征

在市场经济之前的社会中，公产收入是政府收入的重要形式，税收收入常常只是处于补充地位。在市场经济下，税收是政府取得收入的最主要形式，税收往往提供了 80% 以上的财政收入。现代政府之所以以税收作为主要收入来源，是因为税收具有强制性、固定性和无偿性三种形式特征。

---

① 数据参见：《2016 年全国财政收入决算表》《中国财政年鉴》《中国统计年鉴》。本书数据多出自《中国统计年鉴》《中国财政年鉴》和历年财政决算表。下文不一一注明。

强制性

税收的强制性，是指国家（政府）的征税活动是以国家的法律、法令为依据实施的，任何单位和个人都必须依法履行纳税义务，否则就会受到法律的制裁。税收的强制性，是人们感受到的税收最为明显的形式特征，也是税收同公债收入、规费收入、公有财产收入（公产收入）等其他形式的财政收入最显著的区别。

在市场经济中，外部性、公共产品、自然垄断、信息不对称、收入分配不公、经济不稳定等原因和现象的客观存在，决定了市场机制在一定程度上存在失灵。市场失灵是政府干预的必要条件。除了政府规制之外，政府干预经济离不开直接经费的支持。政府干预是在提供一种广义的公共产品。税收就是政府筹集经费的重要手段。

强制性是税收作为公共产品的价格这一基本性质所决定的。从公共产品理论的角度来看，税收是公共产品的价格。公共经济学中有一个术语“税收价格（tax price）”。乍一看，我们可能很难适应这种提法，因为税收并不直接表现为人们在市场上购物而支付的价格。但是，只要清楚了我们所享受的政府的公共产品，实际上是因为我们作为纳税人支付了税收才得以提供的时候，相信大家就可以体会这一术语的深刻含义，也会对现代税收有更为深入的认识。

公共产品具有消费上的非竞争性和非排他性特征。在其提供过程中，“搭便车”问题经常会出现（“搭便车”的起源见后面的专栏2－1）。若任凭社会公众“自觉”纳税，则必然存在大量的不纳税现象，从而使政府缺乏足够的财力去为社会公众提供必不可少的公共产品。为了克服这一问题，国家（政府）往往采取强制性的方式，以克服“搭便车”所可能带来的困难和问题。作为政权组织的政府，其具有的政治权力，使得其能够进行强制性的征收活动。当然，现代政府征税，必须获得立法部门的同意或授权。

专栏2-1 “搭便车”的起源

“搭便车（free riding）”问题据说起源于早期的美国西部。当时，美国西部盗马贼横行，牧主们自发出钱组织骑队巡逻。盗马贼逐渐消失了。于是，部分牧主开始不愿意出钱养骑队。接着，更多的人不愿意出钱，骑队只好解散，结果盗马贼又回来了。在英文中，“rider”既可以作“骑士”解，也可以解释为“搭车”。部分牧主不愿意出钱的行为，是想要享受免费的骑士服务（free riders），这就是“free riding”行为。该行为实则是坐享其成的心理作祟。“搭便车”“免费搭车”“揩油”“白搭车”等字样，就是为了形容这种坐享其成的心理和行为。后来，人们就用“搭便车”问题来概括人人都不想出钱，而又要享受公共产品的好处，结果导致公共产品不能充分有效地提供出来的现象。

（资料来源：樊纲：《市场机制与经济效率》，上海：上海三联书店、上海人民出版社，1995 年）

固定性

所谓税收的固定性，是指政府在征税以前就以法律形式制定了税收制度，规定了各项税制要素，并按这些预定的标准进行征收。税法一旦公布施行，征纳双方就必须严格遵守。纳税人必须依法纳税，不得逃税、拖欠税款和抗拒征税；征税机构也必须依法征税，不得擅自减免，也不能超越法律的授权擅自取予。现代社会中，税收已经构成人们经济决策成本的一个组成部分。税收的固定性有利于人们的各种经济决策。税法是通过政治程序由立法部门（议会，在中国为人民代表大会）制定的。税收以法律形式固定下来，不仅有约束强制企业和个人履行纳税义务的一面，也有约束强制政府必须正常有度地开展征税活动的另一方面。中国在计划经济时期一度忽略了税收作用，税收的法治性还不够。现今18种税中（见专栏2－2），只有3种税（个人所得税、企业所得税和车船税）的征收是依据全国人大或其常委会通过的法律。

专栏2－2　中国现有税种

目前，我国共有18个税种，其中17个税种由税务部门负责征收，关税和船舶吨税由海关征收，进口货物的增值税、消费税由海关部门代征。

增值税：是对在我国境内销售货物或者提供加工、修理修配劳务，销售服务、无形资产、不动产以及进口货物的单位和个人征收的一种税。

消费税：是对在我国境内生产或销售、委托加工和进口应税消费品的单位和个人征收的一种税。

企业所得税：是对在我国境内的企业和其他取得收入的组织，对其生产、经营所得和其他所得依法征收的一种税。

个人所得税：是对个人（自然人）取得的各项应税所得（包括个人的工资、薪金所得，个体工商户的生产、经营所得等11个项目）征收的一种税。

资源税：是以各种应税自然资源（包括原油、天然气、煤炭、其他非金属矿原矿、黑色金属矿原矿、有色金属矿原矿和盐）为课税对象征收的一种税。河北省已率先开始征收水资源税。

城镇土地使用税：是以在城市、县城、建制镇和工矿区范围内的土地为征税对象，以纳税人实际占用的土地面积为计税依据，按规定税额对使用土地的单位和个人征收的一种税。

土地增值税：是对在我国境内转让国有土地使用权、地上建筑物（包括地上、地下的各种附属设施）及其附着物并取得收入的单位和个人，对其转让所取得的增值额征收的一种税。

房产税：是以城市、县城、建制镇和工矿区范围内的房屋为征税对象，按照房产原值一次减除10%～30%后的余值或房产租金收入向房产所有人或经营使用人征收的一种税。2011年，上海市和重庆市开始试点对个人自有房产课征房产税。

城市维护建设税：是以纳税人实际缴纳的增值税、消费税和营业税税额为计税依据所征收的一种税。

车辆购置税：是对购置汽车、摩托车、电车、挂车、农用运输车等应税车辆的单位和个人，按照应税车辆计税价格的一定比率征收的一种税。

车船税：是以在我国境内依法应当到车船管理部门登记的车辆、船舶为征税对象，向车辆、船舶的所有人或者管理人征收的一种税。

印花税：是对经济活动和经济交往中书立、领受应税经济凭证所征收的一种税。

契税：是以在我国境内转移的土地、房屋权属为征税对象，向取得土地使用权、房屋所有权的承受人征收的一种税。

耕地占用税：是对在我国境内占用耕地建房或从事非农业建设的单位和个人，就其实际占用的耕地面积征收的一种税。

烟叶税：是对收购烟叶（包括晾晒烟叶、烤烟叶）的单位，按照收购金额的一定比率征收的一种税。

关税：是以进出境的货物和物品为课税对象征收的一种税。

船舶吨税：是对在中国港口行驶的外国籍船舶和外商租用的中国籍船舶，以及中外合营企业使用的中外籍船舶（包括在港内行驶的上述船舶）征收的一种税。

环境保护税：该税于2018年1月1日起征收。

（资料来源：财政部网站）

为什么税收的固定性需要通过法律来加以保证？一般认为，在法治社会中，法律的修改要经过较为冗长的政治程序，以税法为基础进行征税，可以保证税收的确定性。

从税收的固定性角度来看，中国一段时期内各地流行的税收任务问题，是非常有意思的。中央政府为了保证财政收入能够满足支出的需要，制定了税收任务，而后在各级税务部门之间进行层层分解。这种税收任务是硬任务，必须完成，否则就会给相关官员带来极大的负面影响。各地税务官员可能在难以正常完成税收任务之时，为了完成当年的税收任务，而征收了过头税（今年税收不够，先预征明年，明年的还不够，征后年的税，依此类推）；或者在正常的税收较大幅度超过税收任务之时，为了防止以后税收任务的增加，而“藏税于民”（因为税收任务通常是根据基数法确定的，每年一般都是在前一年的基础之上递增的，所以税收任务如果完成得过好，将会给以后的税收任务的完成带来困难）。这些，都影响到税法的严肃性和权威性，税收的固定性形式特征似乎也遭到了破坏。中国目前已经在努力纠正和克服这类现象。

尽管从管理学的角度来看，税务部门内部的税收任务分解是无可非议的，但它所带来的负面效果表明，这种做法是不妥的。税收任务的完成必须受到税法的根本约束，而不能够破坏依法征税这一基本原则。税务部门应该根据税法，把所有应征税收全部征上来，不该征收的税收一分也不能征收。制定税收任务是为了更好地执行税法，使得政府对于自己的收入更为心中有数，实现现代化的数目字管理，而不是激励相关人员违背税法征税。

税收的形式特征，使得税收能够区别于公共部门的其他收入。税收的强制性使得税收区别于公债、政府收费、捐款等其他收入形式。与税收相比，公债取决于债权人的意愿，捐款取决于捐赠者的意愿，它们都是自愿的，而不具有强制性。这也可以理解，为什么强制性摊派的公债发行被视为和税收没有什么差异的说法。

税收的固定性使税收与货币的财政发行、摊派和罚没收入等区分开来。货币的财政发行、摊派和罚没收入等都不是具有确定性的财政收入形式。现代社会中，货币发行权已经受到较多的约束。正常时期，货币的财政发行是不允许的。

无偿性

税收的无偿性，是指国家征税之后税款即为国家所有，归国家自主支配和使用，国家并不承担任何必须将税款等额直接返还给纳税人或向纳税人支付任何报酬的义务。当然，从税收是公共产品价格的角度看，市场经济下国家征税的本性并非是无偿的，因为政府必须因之而向全社会提供相应的公共服务。这是从根本上看，即从政府面向全社会提供公共服务的角度得出的结论。但如果从具体的税收征纳活动来看，政府与某个企业、某一个人发生税收征纳关系时，没有义务必须将税款直接返还给纳税人。这就表明了税收的无偿性的形式特征。

国家公共部门的存在与活动需要相应的经费支持，而经费的取得主要依靠的就是税收。多年来，中国政府征税时，强调“社会主义税收取之于民，用之于民”。这是不是和无偿性存在矛盾呢？从实质上来看，税收是有偿的。但在现实中，由于纳税人与政府支出的受益者无法做到一一对应，因此，人们常常说税收在形式上具有无偿性。也正因为如此，在税收征管中，“纳税是每个公民的应尽义务”经常得到强调。

税制要素

理解税收，必须了解税制要素。政府征税必须有相应的税收制度。近现代税收是由既定的法律制度加以规范和界定的，因而税收制度是税收问题的最重要内容之一。这样，每一种税都有相应的具体税收制度，都是依据相应的税收制度课征的。尽管不同时期不同税种有着不同的内容和特点，但构成税制的要素却是相同的。这就使得任何一部税法和任何一种税制，都规定了对什么征税、向谁征税、征多少税、如何征税等内容。这些就构成了税收制度的基本要素，简称税制要素。税制要素一般包括纳税人、征税对象、税率、纳税环节、纳税期限、减税免税、违章处理等。其中纳税人、征税对象、税率是税制的三个基本要素。

纳税人

所谓纳税人，是税法规定的直接负有纳税义务的单位和个人。[①] 每一种税都有关于纳税义务的规定。如果不履行纳税义务，即应由该行为的直接责任人承担法律责任。

税法规定的直接负有纳税义务的人可以是自然人（个人），也可以是法人。所谓“法人”，是指依法成立并能独立地行使法定权利和承担法律义务的社会组织，如社团、企业等。这里需要区分一组概念：纳税人、负税人和扣缴义务人。

负税人，即税款的实际负担者，它与纳税人是相互联系又相互区别的两个不同概念。有些税种，税款最终是由纳税人自己承担的。在这种情况下，纳税人就是负税人。而有些税种，税款虽然由纳税人交纳，但纳税人可通过各种方式将税款转嫁给负税人负担，在这种情况下，纳税人就不等同于负税人。

这里举一例予以说明。某商店销售一种商品，在未征税的前提下，价格是每单位10元；而在政府对商店就此课征20%税收的条件下，价格将可能发生变化。如果售价为12元，则商店将所有相关税收转嫁给购买者，此时的负税人将不是商店，而是购买者；如果该商品的售价不变，则负税人是商店；如果售价在10元以上、12元以下，则商店和购买者都是负税人。但在这一例子中，纳税人没有发生变化，即都是商店。

---

① 现实中，我们经常提到的“人人都是纳税人”中所指的纳税人含义更广泛，包括了负税人，即直接或间接意义上的纳税人。特别是在强调纳税权利时，这种理解更有意义，因为税制中有意义的是实际负担税收的人。况且，纳税人主体的界定和税法的具体制定有关，税法中纳税人的选择经常只是出于征税的方便而规定的。

扣缴义务人是税法规定的在其经营活动中负有代扣税款并向国库交纳税款义务的单位和个人。显然，扣缴义务人不是纳税人，仅就两者的关系来说，扣缴义务人不负有纳税义务，只是代替税务机关向纳税人征税，同时又代纳税人将应缴的税款上缴给税务机构。

征税对象

所谓征税对象，又称课税对象，或征税客体。它是指对什么事物和什么活动征税，即征税的标的物。通过规定课税对象，税法才能确定根据什么事物或活动征税。不同的税种有不同的征税对象，它是一个税种区别于另一个税种的主要标志，并且不同的税种名称由来以及各个税种在性质上的差别，也主要取决于不同的征税对象。理解征税对象，要注意区分以下一组概念：税目、计税依据和税源。

税目是税法规定的征税对象的具体项目，反映具体的征税范围，代表征税的广度，它将征税对象具体化。有些税的征税对象简单明确，如房产税，因而没有另行规定税目的必要。而大多数税种的征税对象则比较复杂，在征税时需要将其征税对象进一步划分，并作出具体的界限规定，这就要依靠税目来完成这个任务。规定税目是贯彻税收政策的需要。例如对有些税目要制定较高的税率，有些税目可以制定一般的税率，有些税目则可以制定较低的税率。规定税目也是征税技术上的需要，通过规定税目可以划分各个税目征免的界限，凡属于列举税目之内的商品或经营项目都要按照相应的税率征税，不属于这些税目的就不按此征税。

计税依据是计算应纳税额的依据，基本上可以分为两种：一是计税金额。这是采用从价计征方法时计算应纳税额的依据，如收入额、利润额、财产额、资金额等。计税价格乘以征税对象的数量，就可以得出计税金额；再用计税金额乘以适用税率，就可得出应纳税额。二是计税数量。这是采用从量计征方法时计算应纳税额的依据，如原油的资源税是按原油的实际产量以吨定额计税的。此时以适用税率乘以计税数量，就可以得出应纳税额。

税源是指税款的最终来源。从总体上看，税收只能来源于国民收入。具体到每一种税，征税对象与税源有的一致有的不一致。如个人所得税，它的税源与征税对象都是纳税人的收入。又如房产税，其征税对象是纳税人拥有的房产数量或价值，而税源是房产带来的收益或财产所有人的收入。这里牵涉到税本与税源的区别问题。税本是基础，税源是基础所产生的果实。有税本才有税源，有税源才有税收。国家运用税收对经济进行调节的作用点是在征税对象上，但作用的归宿主要在税源上。

人们还经常用到税基（tax base 或 basis of taxation，课税基础）概念。这是一个与征税对象内涵有交叉的概念，现实中我们会经常碰到，下面予以简单介绍。税基是某一税种的课税依据。在税制设计上，税基的选择是一个重要问题。首先是税基本身的选择，以人们的收入为税基课征所得税，或以支出为基础课征支出税，或以消费为基础课征消费税。其次是税基大小的选择，以全部商品为基础课征一般销售税，或以部分商品为基础课征选择销售税。税基在大小选择方面的含义，接近于课税范围（scope or coverage）。

税率

所谓税率，即税法规定的应征税额与征税对象之间的比例，是计算应征税额的标准，是税收制度的中心环节。税率的高低，体现着征税的深度，反映着国家在一定时期内的税收政策和经济政策，直接关系到国家的财政收入和纳税人的税收负担。一般来说，税率可分为比例税率、定额税率（固定税额）和累进（退）税率。

比例税率是指对于同一征税对象，不论其数量大小都按同一比例征税的一种税率制度。其主要特点是税率不随征税对象数量的变动而变动。在其具体运用上，包括单一比例税率和差别比例税率。其中差别比例税率又可分为产品差别比例税率、行业比例税率、地区比例税率和幅度比例税率四种。

定额税率是税率的一种特殊形式。它是指按征税对象的一定计量单位规定固定税额，而不是规定征收比例的一种税率制度。它是以绝对金额表示的税率，一般适用于从量计征的税种。例如，中国黄酒和啤酒的消费税就是以吨为单位进行征收的：黄酒 240 元/吨；甲类啤酒 250 元/吨，乙类啤酒 220 元/吨。在具体运用上，也可分为单一定额税率和差别定额税率、幅度定额税率和分类分级定额税率几种。有时定额税率与比例税率混合使用。如白酒的消费税适用 20% 的比例税率加 0. 5 元/500 克（或 500 毫升），甲类卷烟的消费税适用 56% 的比例税率加 0. 003 元/支（生产环节）。

累进税率是指税率随着课税对象的增大而提高的一种税率制度。它按征税对象数额的大小划分若干等级，每个等级由低到高规定相应的税率，征税对象数额越大，税率越高，征税对象数额越小，税额越低。累进税率因计算方法和依据不同，又可分为以下几种：一是全额累进税率。即对征税对象的全部数额都按与之相应的税率计算税额。在征税对象提高到税收的一个等级档次时，对征税对象全部都按提高一级的税率征税。二是超额累进税率。即把征税对象按数额大小划分为若干等级，每个等级由低到高规定相应的税率，每个等级分别按该等级的税率计征。此时一定的课税对象同时使用几个税率，纳税人的应纳税款总额由各个等级计算出的税额加总而成。

累退税率与累进税率正好相反，这里不再详述。

在经济分析中，我们经常要用到平均税率和边际税率。边际税率是指在征税对象的一定数量水平上，征税对象的增加导致的所纳税额的增量与征税对象的增量之间的比例；而平均税率是指全部税额与征税对象总量之比。实行比例税制时，平均税率不会随计税总额（征税对象总量）变化而变化。例如，增值税实行 17% 的比例税率，无论计税总额是 100 万元，还是 1 亿元，适用的税率都是 17% 。实行比例税率时，边际税率等于平均税率，而实行累进税率时，边际税率往往要大于平均税率。

为了分析税收负担和税收作用效果等，我们还常将税率分为名义税率和实际税率。名义税率是指税法规定的税率;实际税率是指纳税人在一定时期内实际缴纳税额占其计税依据的比例。由于存在税收减免等原因,实际税率通常要低于名义税率。

纳税环节

所谓纳税环节,是指纳税人应该缴纳税款的环节。就商品税而言,纳税环节一般是指在商品流转过程中按照税法规定应当缴纳税款的环节。商品从生产到消费,中间往往要经过许多环节,如工业产品要经过工厂生产、商品采购、商业批发和商业零售等环节。具体确定在哪个环节缴纳税款,这是对商品流转额征税中十分重要又比较特殊的问题。它关系到税制结构和整体税收体系的布局,关系到对商品生产、流通是否有利,影响到物价的变化,与税款能否及时足额地缴交入库有关,与国家的财政收入能否得到保证有关,与纳税人纳税是否便利有关,还关系到税款收入的地区间分配。所得税的纳税环节的确定与收入是否形成和确认有关,也与所得税选择的类型有关。例如,中国的个人所得税属于分类所得税制,工资薪金所得一般是按月计税的,通常在取得收入时就要计缴税款;劳务报酬所得则是在取得所得时,按次计缴税款。

纳税期限

所谓纳税期限,是指税法规定的纳税人发生纳税义务后向国家缴纳税款的期限。各个税种的法律都需要明确规定缴纳税款的期限,这是由税收的及时性所决定的。规定纳税期限,是为了促使纳税人及时依法纳税,以便及时地保证国家财政支出的需要。同时,这也是税收强制性和固定性的体现。

减税免税

所谓减税免税，是指税法对某些纳税人或征税对象给予鼓励和照顾的一种特殊规定。它体现着税收的严肃性和必要的灵活性的结合。它能够使税收制度按照因地制宜和因事制宜的原则，更好地贯彻国家的税收政策。税收制度的减税免税要素主要包括以下内容：

减税和免税。所谓减税，是指对应纳税额少征一部分税款；所谓免税，是指对应纳税额全部免征。除税法列举的免税项目外，一般减税、免税都属于定期减免性质，税法规定有具体的减免条件和期限，到期就应当恢复征税。

起征点。所谓起征点，是指征税对象达到征税数额开始征税的界限。征税对象的数额未达到起征点时不征税。而一旦征税对象的数额达到或超过起征点时，则要就其全部的数额征税，而不是仅对其超过起征点的部分征税。

免征额。所谓免征额是在征税对象总额中免予征税的数额。它是按照一定标准从征税对象总额中预先减除的数额。免征额部分不征税，只对超过免征额部分征税。

税式支出（税收支出）是一个与税收优惠有关的概念。它包括减税、免税、退税、税收抵免等税收优惠措施。税式支出是基于税收优惠政策管理角度提出的概念，旨在采取类似于支出管理的方式，将税收优惠所带来的税收减少的数量列入专门的预算（税式支出预算），以加强税收优惠的管理。

违章处理

所谓违章处理，是税务机关对纳税人违反税法的行为采取的处罚性措施，它是税收强制性形式特征的体现。它主要解决对于不缴、少缴、迟缴、偷税等违背税法的现象和行为怎么处理的问题，也是维护国家税法的严肃性的保证。在目前的中国，它还有保证税收任务的完成，以及严肃财经纪律等作用。

纳税地点

所谓纳税地点，是纳税人应当缴纳税款的地点。一般来说，纳税地点和纳税义务发生地是一致的。但在某些特殊的情况下，纳税地点和纳税义务发生地却是不一致的，如与总公司不在同一地点的分公司的利润在总公司汇总纳税。纳税地点的确认不仅仅对纳税人，而且对不同的地方政府也有非常深远的影响。在现实中，各地发展总部经济，在很大程度上就是为了吸引税源。越是发达的城市，越容易成为总部经济所在地。有一部描绘一个乡镇三十年历史的书——《他乡之税》[①]，其中就涉及乡镇为了税源所开展的“引税”工作。其实质就是在竞争税源。在现实中，由于税收立法权集中在中央，地方政府常常依靠税收之外的优惠措施，如财政返还、人才奖励政策等吸引税源，也有一些地方借助所谓宽松的税收环境（较松的税收征管）来降低纳税人的实际税负。

---

① 田毅、赵旭：《他乡之税》，中信出版社，2008 年出版。

三、税负是什么?

有一个关于国旗与税收的笑话。荷兰和美国的国旗都有红、白、蓝三种颜色。荷兰人对美国人说:“我们的国旗代表我们的税收。当我们谈论税收时,我们红;当我们拿到税单时,我们白;当我们付税时,我们变蓝。”美国人点头表示赞同,“美国也是如此,但我们还头冒金星”。

现实中的税收真的那么重吗？直接纳税不见得就会形成自己的负担。负担的多少与税负转嫁的程度有关。最典型的是烟草税收。越是高档的香烟，烟厂直接缴纳的税收越多，但烟厂并没有因此而不堪重负。原因何在？就是因为烟厂常常能够将相关税收转嫁出去。研究税负，更需要关注其最终归宿。

税收负担：对谁征税就是谁在负担税收吗？

税收负担的界定

政府课税会形成纳税人的负担。从社会总体来看，政府课税之后，税收收入的去处有两种：一是购买政府正常运转所需的商品和劳务；二是用于转移性支出，返还给个人和家庭。显然，两种情况下的税收负担是不一样的。第一种情形中，资源向政府转移；第二种情形中，资源到了政府后又回去了。征税给纳税人带来负担，政府提供商品和劳务又带来收益。相应地，理解第一种情形的税收负担要看收益与负担的对比关系。第二种情形虽然没有实质上的资源向公共部门转移，但在课税和转移性支出过程中，必然是有人受益有人受损。此情形中的课税涉及收入分配问题。

税收负担指整个社会或单个纳税人（个人和法人）实际承受的税款。它表明国家课税对社会资源的集中程度，以及税款的不同分布所引起的不同纳税人的负担水平。

依据考察的层次不同，税收负担可区分为宏观税收负担和微观税收负担。宏观税收负担主要指国家当年的课税总额与一国的社会产出总量或总经济规模之间的对比关系，即社会的总体税负水平。它能够从总体上反映一国税负的轻重。微观税收负担主要研究单个纳税人向国家交纳的税收与其产出的对比关系，即企业或个人的税负水平。例如，商品税的纳税人与负税人往往不一致，因此研究微观税负不能不考虑税负转嫁问题。

税收负担的衡量指标

宏观税收负担

一个国家在一定时期的宏观税负究竟多高才比较合适，是一个非常重要的税收理论问题。税收负担要适度合理，这既是税收的本质要求，也是制定和执行税收制度与政策的基本原则。因此，在需要与可能的权衡中，确定一个合理的宏观税负水平是一个重要的理论和实际问题。由于一国的经济总规模主要用国民生产总值（GNP）或国内生产总值（GDP）来表示，因此，衡量宏观税收负担的指标也就是国民经济税收负担率，主要有国民生产总值负担率和国内生产总值负担率。

（1）国民生产总值负担率。指一定时期内税收收入的总额与国民生产总值的比率（T/GNP）。其中，国民生产总值是以一个国家的居民为依据计算的生产总值，包括居民在国境内外全部的最后产值和劳务总量，但不包括国境内非居民的这个部分。国民生产总值负担率计算公式如3-1：

$$\text{国民生产总值负担率（T/GNP）}=\frac{\text{税收收入总额}}{\text{国民生产总值}}\times 100\% \quad (3-1)$$

（2）国内生产总值负担率。指一定时期内税收收入的总额与国内生产总值的比率（T/GDP）。其中，国内生产总值是以国土范围为依据计算的生产总值，包括国家领土范围内居民和非居民全部的最后产值和劳务总量，但不包括居民在国境外的这个部分。国内生产总值负担率计算公式如3-2：

$$\text{国内生产总值负担率（T/GDP）}=\frac{\text{税收收入总额}}{\text{国内生产总值}}\times 100\% \quad (3-2)$$

由于受多种因素的影响，每个国家的宏观税负水平是各不相同的，即使是同一国家，其不同的历史时期宏观税负水平也不是一成不变的。这些影响宏观税负水平的主要因素，包括国家职能的大小、经济发展水平、社会经济制度、经济体制、宏观经济政策以及文化观念、历史传统、政治因素等，每一个因素的变动都会对宏观税负产生影响。

合理界定一定时期的税负水平，对于保证政府履行其职能需要的财力、促进经济的发展，都有重要的意义。在中国，有不同的宏观税收负担口径。狭义的宏观税负所考察的，是税收收入占国内生产总值或国民生产总值的比重。广义的宏观税负所指的，是政府所掌握的各种收入（税收、收费、其他各种政府收入）占国内生产总值或国民生产总值的比重。在进行不同国家的宏观税负比较时，要注意指标选择的恰当性。与西方国家进行比较，有意义的是广义宏观税负指标。

微观税收负担

微观税收负担以纳税人为区分标准，可分为企业税收负担和个人税收负担。

企业税收负担率。它是指企业所承受的税收负担。所谓企业税收负担的指标可分为两大类，一类是企业整体税负率，一类是个别税种的税负率。

个人税收负担率。它是指个人所承受的税收负担。个人的税收负担来自多方面，如个人所得税、消费税、财产税等。个人在购买消费品时，要负担被转嫁的商品税，如增值税、营业税等。由于税负转嫁的多少和难易程度不同，个人的消费行为不定，再加上统计资料的困难，个人真实的综合税收负担率很难计算。个人所得税负担率（个人所得税/同期个人所得总额）是较直观的一个指标。采用这一指标，可就全体个人的税负来分析，也可以分高收入、中收入、低收入组别进行分析，以反映个人所得税对收入调节的程度，通过高收入者与低收入者税前、税后的收入差距对比，判断税收的收入分配效应。在累进个人所得税制度下，必须明确衡量个人税负水平应是平均税率而非边际税率。当然，这一指标不能全面地反映个人税负的全貌。

专栏3－1 税收自由日

有些机构对一国的个人税负进行测算。通常采用的指标是一个人一年中需要为纳税工作多少天。一年哪一天开始赚的钱都是自己的？这一天就是所谓的“税收自由日”（tax freedom day）。加拿大2015—2017年的税收自由日分别是6月10日、6月7日和6月9日。不同机构所发布的报告时间可能略有差别。设在温哥华的智库——弗雷泽研究所（the Fraser Institute）发布报告说，2017年加拿大两人以上家庭今年的平均收入预计为108 674加元，其中43.4%拿出来交税。在这一年度报告中，该智库统计了加拿大所有形式的税收，包括所得税、商品税和服务税，还有其他隐性纳税，如汽油税、碳税、烟草和酒精税、市政地税等等。弗雷泽研究所的相关人士表示，加拿大税务繁多，每级政府都要征收不同种类的大量税收，普通的加拿大人很难搞清楚自己一年中到底向各级政府交了多少税，这是他们每年统计的原因。6月9日是加拿大全国情况平均后的日子，但各省各类税率不同，所以各省的“税收自由日”的到来时间也不一样。阿尔伯塔省征税较少，当地的人们从5月21日起就开始给自己挣钱了，而在纽芬兰和拉布拉多省，这个日子拖后到6月25日。美国、英国以及其他许多国家都有类似的计算。

税负转嫁有哪些类型？

所谓税负转嫁，是指纳税人实际上不负担或不全部负担国家对他们课征的税收，而是通过压低购入或提高卖出商品的价格（获取所得可以视为获取劳动力商品），将全部或部分税收转移给他人负担的过程。税负归宿是税负转嫁过程的终点，也就是税收负担的实际承受者。这样就产生了纳税人可以是负税人、部分负税人和非负税人的多种不同情况。税负转嫁的形式主要有：

前转

所谓前转，也称为顺转，它是指纳税人在进行交易时，按课税商品的流转方向，用提高价格的办法，把所纳税款向前转嫁给商品的购买者或消费者。这是税负转嫁的基本形式。

后转

所谓后转，也称为逆转，它是指纳税人用压低价格的办法，把税款向后转嫁给货物或劳务的供应者。例如纳税人通过压低购进原材料的价格，将税负转嫁给原材料的生产者。后转和前转一样，也是税负转嫁的基本形式，其他形式皆因它们而衍生。

混转

所谓混转，也称为散转，它是指对一个纳税人而言，前转和后转可以兼有，也就是将税款一部分向前转嫁给商品购买者，另一部分向后转嫁给商品供应者。

辗转

所谓辗转，是指发生多次的转嫁行为。

税收资本化

所谓税收资本化，它是税负转嫁的一种特殊形式，指应税物品（主要是土地、房屋等具有长期收益的资本品）在交易时，买主将物品可预见的未来应纳税款，按一定的贴现率折算为现值，从所购物品价格中作一次性的扣除。此后，税款名义上虽由买主按期纳税，实际上税款已经由卖主负担了。因此，税收资本化是后转的一种特殊形式。

税收资本化价值（PV）的计算公式为：

$$PV = \sum_{i=1}^{n} \frac{T_i}{(i + r)^i} \tag{3-3}$$

其中，T_i 表示未来某期（i）所要交纳的税收；i 为收益期，$i = 1, 2, 3, \cdots, n$；r 为贴现率。

消转

许多教科书指出还存在着“消转”这么一种税负转嫁的形式。所谓消转，又称为转化，它是指纳税人用降低课税品成本的办法使税负从新增利润中得到抵补。这既不是提高销价的前转，也不是压低购价的后转，而是通过改善经营管理、提高劳动生产率等措施降低成本、增加利润而抵消税负，所以称之为“消转”。然而，消转实质上是用生产者应得的超额利润去抵补税收，实际上没有发生转嫁行为，税收负担仍然是由纳税人自己负担的。所以，从严格意义上说，消转不能算是一种税负转嫁形式，因为此时并不存在税负转嫁。

从以上的分析可以看出，税负转嫁的基本形式实际上只有前转和后转两种，其他的都是这两种的搭配或变形。不同纳税人不同税种的转嫁能力不同，这是需要特别注意的。讨论税收负担轻重不涉及税负转嫁会很容易出现误会。

狭义税负与广义税负

我们经常用相对数来衡量税负。根据2015年全国财政决算，当年全国税收收入124 922.2亿元，占国内生产总值（GDP）的比例为18.46%。这样的税负水平在国际上显然不能算高。但是国际横向比较需要的数据必须具有可比性。财政部公布的根据国际货币基金组织（IMF）《政府财政统计手册》编制的“广义政府运行”表显示，中国广义政府收入在2013年、2014年和2015年分别为169 952亿元、185 211亿元和198 480亿元。相应地，这三年的广义政府收入占GDP的比例分别为28.55%、28.76%和29.33%。根据IMF手册调整的广义税负水平大幅度提高。

从“税收收入”到“广义政府收入”的变化，可以更全面地看到政府从经济中获得的资源。中国加入IMF数据公布特殊标准（SDDS）之后，数据发布“全面入世”，按照IMF《政府财政统计手册》的口径，政府财政收入包括税收、社会保障缴款、赠与和其他收入（其他收入主要指财产收入、出售商品和服务收入、罚金罚款和罚没收入以及其他杂项收入）。两个税负水平的差异，表现在社会保障缴费、赠与和其他收入上。根据财政部的说明，“广义政府运行”表合并了一般公共预算收入、政府性基金收入（不含国有土地使用权出让收入）、国有资本经营收入、社会保险基金收入的数据，并剔除了重复计算部分。

社会保障缴款

社会保障缴款在有的国家是以税收的形式征收的，有的国家则以收费的方式进行。二者实际上没有太大差别。对于中国来说，社会保险资金以收费的方式筹集，不在税收征管法的约束范围之内。一般认为，收费的弹性大于税收。因此，在同样的收费标准下，缴费者的最终实际负担可能有很大差异。

当下对于中国社保缴费标准在全世界上处于较高水平的说法，更多是依据名义的收费标准。实际缴费与此有一定差距。为了保证社保缴费的公平，社会上一直有一种声音要求社保“费改税”。不管社保是否“费改税”，中国的社保缴费适用税收征管法是大势所趋。税务部门负责社保缴费或社保税的征管，可以充分利用税务部门征税中所获得的各种信息，节约政府部门的运作成本。考虑到名义收费与实际缴费负担之间的差异，实行社保“费改税”或社保缴费适用税收征管法之后，收费（征税）标准应该相应下调。

人口老龄化问题来势汹汹。降低社保缴费标准，其他条件不变，肯定会降低社保收入，扩大社保收支缺口。但是，降低标准势在必行。原因有三：一是社保缴费加强征管之后，企业的实际负担可能大幅度上升；二是在当前企业经营困难的大环境中，降低缴费标准与积极财政政策的减税减费减基金的要求是相吻合的，有助于缓解企业经营中的困难；三是社保收支缺口在很大程度上和社保制度有关。

养老金个人账户制度建立之前，中国实行现收现付制，历史欠账导致“做实个人账户”目标一直不能实现。做小做实意义不大，且在实施中同样遇到问题。“名义账户制”给了中国社保制度完善的机会，所有个人的养老金账户本意都是为了退休之后能够领到足以保障退休生活的养老金。“名义账户制”兴起时间不长，保留了个人账户的形式，但个人账户的回报率不是市场投资的回报率，而是政府综合考虑经济增长率、物价等多个因素的结果。“名义账户制”实行起来比“做实个人账户”简便。但是，无论选择什么样的制度，人口老龄化决定了养老负担不会太轻。扩大社保覆盖面虽然在短期内可以增加社保收入，但与此同时，由于覆盖面扩大所导致的养老金支出在中长期内也会大幅度上升。社保覆盖面的扩大无助于问题的真正解决，扩面只是社会公平的要求，是社会发展的需要，必须做到。

延长退休年龄肯定会成为解决问题的选择项。至于社会可以接受的退休年龄是多少，应更多地通过决策的民主化、科学化、法治化的程序来加以解决。有人担心延长退休年龄会影响就业，这种担心有一定道理，但是现实中，年富力强的退休者（满足若干年工龄就可以退休，女性职工退休年龄较低，正常退休者也有不少工作能力几乎都不下降）同样会在社会上找到另外的就业机会。这样，他们在领取退休金的同时还会得到工资收入，同样占据着就业机会。另外，中国的劳动力人口会逐步下降，让更多人参与劳动力市场，是有利无弊的选择。

社保毕竟是个公共问题，一般公共预算调入资金，国有资产变现收入调入，国有资本经营收入更多用于社保，都是理所应当的，都是弥补社保缴费标准下降后缺口的可选择项。

其他收入

根据财政部的说明，其他收入主要指财产收入、出售商品和服务收入、罚金罚款和罚没收入以及其他杂项收入。

广义政府收入应该包括土地收入

“广义政府收入不包括国有土地使用权出让收入，是因为根据IMF《政府财政统计手册》的定义，政府收入是指增加政府权益或净值的交易，国有土地出让行为是一种非生产性资产的交易，结果只是政府土地资产的减少和货币资金的增加，并不带来政府净资产的变化，不增加政府的权益，因而不计作政府收入。”国有土地收入是资产变现的行为，但是，这种变现很特殊。不少土地本来没有作为资产计价，转让土地使用权取得的收入是实实在在的收入。扣除征地费用的理由也不见得合理，按此，税收收入也应该扣除各种各样的征管成本之后再计算。这种做法和“坐收坐支”并没有什么差别。如果再考虑到来自土地的收入规模庞大，那么这种口径选择上的偏差就不能不加以重视。其他国家土地制度和中国的不同，来自土地的收入规模可能较小，对政府收入计算上的影响较小，土地收入忽略不计问题不大。2015 年中国来自国有土地使用权出让金收入为 30 783. 8 亿元，来自国有土地收益基金收入为 1 024. 97 亿元。3 万多亿元的收入规模不能忽视。如果加上土地收入，那么 2015 年新的广义政府收入占 GDP 比重为 34. 03%。

非税收入

2015 年，全国非税收入（一般公共预算收入包括税收收入和非税收入。注意：非税收入不是政府来自税收收入之外的其他全部收入）为 27 347. 03 亿元。其中：专项收入为 6 985. 08 亿元；行政事业性收费收入为 4 873. 02 亿元；罚没收入为 1 876. 86 亿元；国有资本经营收入（部分金融机构和中央企业上缴利润）为 5 389. 45 亿元（比预算的 2 485 亿元高出一倍多！波动很大）；国有资本经营收入 690. 76 亿元（几乎只是预算的 1 300 亿元的一半！同样波动很大）；国有资源（资产）有偿使用收入为 5 463. 89 亿元；其他收入 2 067. 97 亿元（这是一般公共预算收入中的“其他收入”，与 IMF 的不同）。行政事业性收费从总体上占政府收入比重较低，但也应该逐个打开，确定是否应该延续。

这个中国特色的“非税收入”应该尽快退出历史舞台，否则很容易造成不必要的误会。

政府性基金收入

2015 年，全国政府性基金收入为 42 338. 14 亿元，扣除土地收入后大约有 10 000 亿元。这些基金除国有土地使用权出让金收入和国有土地收益基金收入之外，主要有 34 种，即农网还贷资金收入、铁路建设基金收入、民航发展基金收入、海南省高等级公路车辆通行附加费收入、港口建设费收入、散装水泥专项资金收入、新型墙体材料专项基金收入、旅游发展基金收入、国家电影事业发展专项资金收入、新菜地开发建设基金收入、新增建设用地土地有偿使用费收入、南水北调工程基金收入、政府住房基金收入、城市公用事业附加收入、农业土地开发资金收入、大中型水库移民后期扶持基金收入、大中型水库库区基金收入、三峡水库库区基金收入、中央特别国债经营基金财务收入、彩票公益金收入、城市基础设施配套费收入、小型水库移民扶助基金收入、国家重大水利工程建设基金收入、车辆通行费收入、核电站乏燃料处理处置基金收入、可再生能源电价附加收入、船舶油污损害赔偿基金收入、电力改革预留资产变现收入、无线电频率占用费收入、废弃电器电子产品处理基金收入、烟草企业上缴专项收入、水土保持补偿费收入、彩票发行和销售机构业务费收入、污水处理费收入。

这些基金收入来自于各个领域，都有专门的用途，未来去向也不尽相同。有的需要通过“费改税”的方式处理，如污水处理费就要作为环境保护税的一部分继续存在。有的可能长期存在，但运作方式可能会发生很大改变，如烟草企业上缴专项收入等。有的可能会随着基金的历史使命的完成而最终退出，如农网还贷资金收入等。从大趋势来看，政府性基金收入最后会融入一般公共预算，作为非税收入的一部分，但从数据上看，这只是技术上的处理；从预算管理上看，政府性基金预算的审批将更加严格。

政府性基金收入有不少已经长期存在。长期存在不见得就是不合理的，有的基金换了名称而继续存在，有的基金多次延续，但决策程序应该更加公开透明。还有，一方面缴纳没有专门用途的用于公共服务的税收，另一方面还要就特定公共服务缴纳基金收入，这种现象是不合理的。一些基金的用途虽然合理，但税收收入也可以投入这些用途，如何平衡其中的关系，未来还需要更多的智慧。

税负问题很复杂。一国收的税少，税负就轻吗？发展中国家税负水平总体上不如发达国家，但这可能更多是因为前者税收能力较弱所致。斯堪的纳维亚国家税负水平较高，但那里的人们可以享受到高水平的社会福利，人们似乎对较高的税负没有太多的意见。对于税负轻重问题的讨论，单从收入来看，容易有偏差，必须和公共服务结合起来才有意义。税负体现的是公共服务的成本。不看收益，只讨论成本，得出偏颇的结论也是不可避免的。

四、消费者税负如何轻

商品和服务贵不贵，与税负往往有着密切的关系。在竞争越充分的市场上，就表现得越明显。税负越轻，消费者可能消费越多；税负越轻，消费就会更快升级换代；税负越轻，消费者在国内购物消费的机会就越多，对树立大国形象也会有帮助。

引例1　喜欢出境旅游消费的中国人

中国人出境旅游，不少人会将购物列入重要行程。这种情况较为普遍，以致中国旅游团常被称为购物团。据报道，仅占世界游客总数1%的中国旅游者，创造了整个伦敦希斯罗机场25%的免税品销售额。中国人海外购物有多种因素，税负是其中重要的一个。出口退税制度让本来出境机会不太多的国人有了免税购物的机会。

根据世界旅游组织（UNWTO）对全球出境旅游行业的调查报告，2016年中国大陆的境外游客消费金额依然为世界第一，中国香港的境外游客消费同比增长5%，也跻身全球前十。2016年，不论是出境旅游的人数还是境外消费的总额，中国大陆均遥遥领先其他国家和地区。2016年，中国大陆游客的境外消费总额为2 610亿美元，同比增长了12%，占总消费额的20.9%。出境旅游的游客数量同比增长6%，达到1.35亿人次。自2004年以来，中国游客的海外消费总额每年的同比增幅均达到了两位数。

中国境外旅游的强势，对亚太地区其他国家的旅游业起到了很强的促进作用，其中，日本、韩国和泰国等地受益最大，美国和欧洲部分国家也是中国游客最喜欢的旅游地点。

（资料来源：http://www.traveldaily.cn/article/113299）

引例2　一个半月连续三次上调成品油消费税引争议

财政部、国家税务总局印发的《关于继续提高成品油消费税的通知》规定，自2015年1月13日零时起上调汽、柴油消费税单位税额。这也是一个半月内连续第三次调整成品油消费税。根据财政部要求，为促进环境治理和节能减排，1月13日起将汽油、石脑油、溶剂油和润滑油的消费税单位税额由1.4元/升提高到1.52元/

升，将柴油、航空煤油和燃料油的消费税单位税额由1.1元/升提高到1.2元/升，航空煤油继续暂缓征收。

前两次上调成品油消费税分别是2014年12月13日，汽油、石脑油、溶剂油和润滑油的消费税提高0.28元，至1.4元/升，以及2014年11月29日将汽油、石脑油、溶剂油和润滑油的消费税提高0.12元/升。从2014年11月到2015年1月，一个半月的时间，成品油消费税连续三次上调，引发了社会争议。

在连续提高成品油消费税之后，成品油价格里的消费税、增值税、城建税、教育费附加、地方教育费附加等总计已占到成品油价格的近45%。

（资料来源：根据财政部网站和《中国经营报》相关报道整理）

消费者税负有多少？

消费者税负指的是消费者在消费中所要承担的税负。增值税、消费税、营业税、关税等都是消费者税负的组成部分。2016年国内增值税收入为40 712.08亿元，国内消费税收入为10 217.23亿元，进口增值税和消费税收入为12 784.59亿元，营业税收入为11 501.88亿元。随着2016年5月1日“营改增”开始全面试点，营业税退出中国税制舞台，相应的收入转化为增值税收入，增值税在税收收入体系中的分量进一步增加，消费者的税收负担体现在增值税上也相应地增加。

消费者税负不仅仅包括增值税。当前消费税征收范围相对较为广泛，税率也偏高。关税也在消费者税负中扮演了一定角色。随着全球化程度的加深，特别是各类自由贸易区的建设，关税在消费者税负中的地位势必下降。

中国不少商品境内价格高于境外，间接税税负过高是一个不可忽略的因素。间接税税负重的结果是，境外购物与网上代购流行，导致我们本来要扩大的内需变成了外需。而且，间接税负重也加重了企业负担，影响了企业的国际竞争力。从中长期发展的角度来看，以间接税为主的中国税制结构必须作出根本性的改变，即大幅度降低间接税税负。降低增值税税率，调整消费税的征收范围并调低税率是大势所趋。

消费中还会因消费对象不同而产生其他税收负担，如汽车消费就可能需要缴纳车辆购置税，汽车在使用中就要缴纳车船税。消费中还会产生各类附加税（如城建税）、附加费（如教育费附加）以及不同类型的行政性收费、政府性基金等。本章主要分析增值税和消费税税负。增值税同时也会构成投资者的负担，因此相关内容在下一章会从投资的角度进行阐述。一些消费和投资都会遇到的增值税问题也在下一章说明。

海外购物蔚为流行

有段时间，国人赴日抢购马桶盖。这事也曾经引发了马桶盖品质的大讨论。马桶盖实际上是在中国生产的，那么为什么人们会舍近求远呢？进而需要讨论的问题是，人们为什么要去海外购物？据说国人现在去日本消费，马桶盖已经不是首选。零食消费已经在国人赴日消费中占相当大比重。根据日本农林水产省发布的数据，2016 年赴日观光的外国游客用于食品的支出为 2 897 亿日元，其中零食占到 1 308 亿日元。中国游客对日本零食情有独钟，2016 年买了 507 亿日元零食，占比达到 39%，排名第一。国人赴日消费只是海外消费的一个缩影。当今国人海外购物，真的是个性化十足。所购商品中，衣服鞋包，化妆品厨卫用品等各种日常用品，应有尽有。海外购物，奢侈品仍占相当比重。但曾经的主流海外购物模式似乎正在被颠覆。

海外购物的税收因素及其他

海外购物缘由多种多样。有人纯粹是因为价格因素。海外购物，如在免税店购物，自己携带入境，往往可以省掉不少税收；如在普通商店购物，达到一定金额，往往也可以因商品携带出境而得到退税。因此，在海外购物，省下的税收就可能是一大笔钱。仅仅这个因素，就会推动海外购物。

海外商品要进入中国市场，基本上都要缴纳关税和增值税。不少商品是消费税的课税对象，还要缴纳数额不菲的消费税。增值税和消费税收入，还会构成城市维护建设税、教育费附加、地方教育附加等的税基，有相应的附加税费负担。

关税税率不等，且近些年有较大幅度的下降，但一些国人习惯购买的商品关税税率仍维持在较高的水平上。商品增值税税率为 17% 或 13% 。消费税税率有高有低，例如，高档手表（1 万元以上就算高档货）20% ，化妆品 30% ，气缸容量在 2.0 升以上的乘用车适用税率 9% ～ 40% 。而在日本，消费税税率从 5% 提高之后，迄今也只是维持在 8% 的水平上，美国各州的消费税率不同，从免税到 10% 不等。税收因素对消费者负担的影响相当之大。当然，不是所有海外购买的商品都能够轻易地以免税的方式带进国内。但是，税收因素，不可辩驳地成为海外购物的重要因素之一。如有机会，消费者很自然地要在海外购物。

价格也是影响消费者海外购物的重要因素。许多企业奉行不同市场不同定价策略。即使是在一国之内，也可能因为消费水平消费偏好的差异而制定不同的价格策略。海内外市场的巨大差异，决定了企业更可能采取不同的定价策略。有时，汇率因素也会让这种差异化定价策略进一步放大。

不同市场的消费者，要从一个市场搬运商品到另一个市场是不容易的。在正常情况下，距离所产生的交通运输费用，可以在很大程度上阻止这种行为的发生。只有当距离的成本大幅度下降（物流费用很低）、信息交流费用下降（一个市场的消费者很容易获取另一个市场的信息）等条件下，市场的均衡才可能被打破。这时，不仅仅有海外购物，还会流行起海外代购。

海外代购，特别是许多代购物品，是以邮寄的方式入境的，超过限额部分，只要缴纳行李和邮递物品进口税（简称“行邮税”）即可。较低的行邮税，也提供了更大的交易空间，促进了海外代购。

海外商品市场与国内商品市场的差异，也可能是消费者海外购物的重要因素。海外购物，有人是因为国内市场没有同类优质商品，或者他们自以为国内没有同类同质商品。当然，这种海外购物也可能是因为信息不对称，消费者不了解国内市场的实际而选择的结果。不可否认的是，海内外市场的差异的确存在。不同的消费者有不同的商品需求。不同的企业有不同的商品供应。这都是很正常的。因此，这也就造成了与国内市场有相当差异性的境外商品市场。在那里，的确有一些商品是国内市场所没有的；或因企业产能有限，压根就没想到海外行销；或因商品不易保存等特殊因素，不适合远距离销售。一旦消费者发现这些商品的某些“好”，就可能购物。

海外购物还有一些相当独特因素在起作用。有人相信某种价位的商品只有在该商品品牌所属国才能买到的神话，相信只有在那个国家买到的商品的品质会更高，相信在国内即使买到同款，那也只是为了适应中国市场的标准不同品质的商品。这个传闻迄今仍在发挥作用。

跨境电子交易 vs 个人代购

电子商务交易平台是互联网时代现代人代购常常借助的平台。代购者从海外购物，先寄给国内收货人，再转寄给购买者。这样的代购模式，对于消费者来说，避免了清关的麻烦，和国内购物没有太大差别，简单方便。

然而，“一对一”的代购，不可避免地存在商品和服务品质的差异问题。没有现货的海外采购，往往要让消费者等待较长时间。“一对一”所能提供的海外购物信息往往有限，多为标准化商品或有一定名气的商品，只能满足部分海外商品消费需求。更有甚者，海外代购，有时根本就不是海外购买，而是以假乱真，以次充好。特别是，海外许多商品在国内加工，国内部分高仿品的品质甚至不低于真品，鱼目混珠，消费者一般不会因为商品品质而投诉。当然，假就是假，次品就是次品，对商品品质乃至真假有更高要求的消费者需求满足仍然是问题。总之，“一对一”小打小闹的海外代购已无法满足对高品质消费者的需求。更多更全更好的海外代购，需要解决好进口环节的一系列难题。

此外，海外采购环节有退税，进口环节所涉及的贸易结算税收等问题，需要有一揽子的解决方案。这时，有高声誉的公司全面介入海外购物就属自然而然。这正在成为潮流，跨境电子商务更是让各种各样的公司有了更多机会。

多家公司顺势推出诸多海外购物新渠道。顺丰公司有海购丰运，帮助顾客在海外购买的商品迅速地转运回国内；亚马逊中国有海外购；上海自贸区有“跨境通”；一些城市也陆续建立起跨境电子商务平台。一些公司预测中国境内商品的可能消费量，而预先将货物存放在保税区或免税仓库内，赢得反应更快、以更好服务顾客的竞争优势。一些公司干脆直接在保税区内让消费者体验国内跨境交易的便利。自贸区内，购物金额较大的“平行进口”汽车中，豪车售价甚至比4S店直降20%（价格差异动态变化），相应地电子商务也已兴起。

不同的海外代购者，强调自己的不同责任。当然，责任的承担又是另一回事。实力较弱的个人，与大公司相比，在责任承担上肯定不占优势。大公司的购物优势也较突出。正规的规模较大的跨境电子商务公司，不会成为电子商务平台上的海外购个体户的收编者，而是在很大程度上可能成为不少个人代购者业务的葬送者。当然，有些公司强调自己只是在做物流，只是在帮助客户将采购的商品从海外运到国内。大公司不同的经营策略，会促进不同的海外代购生态的形成。

跨境电子商务轻税?

海外代购是新鲜事物，能更好地满足消费者的消费需求，自然应该鼓励。只是个人成规模的携带或频繁出境携带，已经不是局限于个人或家庭使用的携带，而是明显带有谋利性质的携带，显然与简单的个人海外购物大相径庭。跨境电子商务平台的兴起，也让直接面对个人的海外代购业务迅速扩大。自贸区更是开启国内海外购物海外代购的新时代。

有电商喊出：百万美元以下的跨境电子商务不征税。无疑，如果政策真的选择如此，那么电商将受到莫大的鼓舞。可是，这样的政策给国内企业带来了新的不公平。即使是全球化，也不能采取偏袒海外企业的做法，至少海外企业与国内企业的税收待遇要在一条起跑线上。跨境电子商务企业的发展需要鼓励，但鼓励不代表要降很多税。

直接邮寄给消费者个人的海外购物，征收行邮税还是最具可操作性的选择，最能适应发展的需要。进口税收处理的困难不只是表现在关税上。关税水平可以根据国与国之间的关系以及经济社会发展的阶段作相应调整。更难的问题还在国内税制。正常商品进口环节所征收的增值税和消费税与国内商品税制一样。如果没有国内商品税制的改革相配合，那么单方面降低进口税收几无可能，因为这只会给国内企业以致命打击，不符合市场公平竞争的要求。

跨境电子商务平台或者代购公司，倒是给规范进口企业税收一个很好的机会。平台交易代购信息的集中化，至少会夯实税收征管的信息基础。对于跨境电子商务企业来说，这些信息可能会形成它们的经营优势。此外，规模化代购形成的集中采购，具有与海外供应商的价格谈判优势；再加上不同市场价差因素，规模化代购企业的利润空间并不会太小。

海外购物所引发的税收问题相当复杂。以上所说的都只与有形商品交易相关。这些商品从海外到国内，都要有物流配套。数字商品与服务采购的税收问题，不需要物流，会更加复杂。也许，人类社会就是在这样不断地破解困境中成长。也许，到那时，商品税、服务税、消费税等各种间接税都不再有生存空间，公共事务的资金来源有了新的替代方式。

增值税税率需要再下调

2017 年 1 月 6 日，欧盟通过《欧洲增值税指令》（以下简称《指令》）确定增值税规则，确定的最低基本税率为 15%。28 个成员国可以自由选择增值税基本税率，但不能低于 15%。欧盟允许成员国最多有两种低税率，但最低的必须为 5% 或更高水平。[①] 表 4－1 给出欧盟成员国增值税税率表。成员国基本税率最低的是卢森堡的 17%，高于《指令》所规定的最低税率。4 个国家有四档低税率，超过了《指令》的规定。

表 4－1　欧盟成员国增值税税率表

国家	基本税率		低税率	
奥地利	20%	13%	10%	—
比利时	21%	12%	9%	—
保加利亚	20%	9%	—	—
克罗地亚	25%	13%	5%	—
塞浦路斯	19%	9%	5%	—
捷克	21%	15%	10%	—
丹麦	25%	—	—	—
爱沙尼亚	20%	9%	—	—
芬兰	24%	14%	10%	—

① http://www.vatlive.com/vat-rates/european-vat-rates/。

（续表）

国家	基本税率		低税率	
法国	20%	10%	5.50%	2.1%
德国	19%	7%	—	—
希腊	24%	13%	6%	—
匈牙利	27%	18%	5%	—
爱尔兰	23%	13.5%	9%	4.80%
意大利	22%	10%	5%	4%
拉脱维亚	21%	12%	—	—
立陶宛	21%	9%	5%	—
卢森堡	17%	14%	8%	3%
马耳他	18%	7%	5%	—
荷兰	21%	6%	—	—
波兰	23%	5%	8%	—
葡萄牙	23%	13%	6%	—
罗马尼亚	19%	9%	5%	—
斯洛伐克	20%	10%	—	—
斯洛文尼亚	22%	9.50%	—	—
西班牙	21%	4%	10%	—
瑞典	25%	12%	6%	—
英国	20%	5%	—	—

与欧盟成员国相比，中国的增值税税率总体上不算高。但是，中国位于亚太地区。亚太地区增值税税率参见表4－2。相比之下，中国17%的增值税基本税率已经属于最高水平，11%的基本税率也是较高税率（自2017年7月1日起，13%的低税率降至11%）[①]。增值税税负相当部分可能落在消费者身上，较高的税率势必对消费有不利的影响。因此，

① “营改增”试点之后，增值税有两档基本税率：17%和11%，两档低税率。

从降低消费者负担和给消费者更多国内购物机会的目标出发，增值税税率都有必要进一步下调。

表 4－2　亚太部分国家和地区的增值税税率

国家	基本税率	低税率
澳大利亚	10%	0%
孟加拉国	15%	4%，4.5%，5%，5.5%
柬埔寨	10%	—
印度尼西亚	10%	10%，0%
日本	8%	—
哈萨克斯坦	12%	—
老挝	10%	—
马来西亚	6%	0%
蒙古	10%	0%
新西兰	15%	—
巴基斯坦	17%	1%，0%
菲律宾	12%	6%，0%
新加坡	7%	—
韩国	10%	—
中国台湾地区	5%	—
泰国	10%	7%
越南	10%	5%，0%

消费税需要再轻些

2016 年，我国国内消费税收入超过万亿元，达到 10 217 亿元。消费税无论在筹集财政收入，还是调节消费上，都发挥了重要作用。取代养路费等的成品油消费税改革，在基本不增加税收征管费用的前提下，促进了资源的综合利用。但是，消费税制改革不能取代其他制度建设。如果没有油品标准的提高，那么雾霾天气仍然可能伴随我们左右。这就要求正视消费税所处的经济社会环境，准确认识消费税的局限性，以更好地凸显消费税的功能。

奢侈品是否应维持高税率是一个争论不休的问题。“奢侈品”从名称上就处于不利地位。《辞海》对“奢侈”的解释是“不节俭”。“不节俭”产品的消费岂能适用低税率？支持低税率方大有未辩先输之势。从经济学上看，“奢侈品”是价格越高，消费者越愿买的商品。引论是：消费税不会影响“奢侈品”消费，而且由于“奢侈品”的消费者是富人，重税还可调节收入差距。

重税调节作用就一定佳？重税一定能保证国家财政收入增长吗？全球化背景下，一些在封闭经济条件下成立的命题需重新审视。“奢侈品”是越贵越要买的商品的说法没错。问题是：如果可在他地以更低价格买到“奢侈品”，那么消费者有什么理由要在价高之地买？国人海外旅行，观光团成了购物团；海外代购、网络购物规模也蔚为壮观。大量消费流失海外，消费税潜在税源同时转移。不仅消费税筹集财政收入的目标受影响，而且就连原先设定的消费税调节目标也不易实现。对于中国这样一个还在促进内需扩大的经济体而言，面对大量消费流失到海外，这难道不值得反思吗？作为一个大国，国民出境主要目的是购物，与大国形象也不够吻合。

奢侈品价高，有企业定价策略的原因，但这也不能抹掉税收因素。全球化和信息化使得海外购物成为寻常事。在这种背景下，消费税制只能因应经济社会发展的必要，作相应的调整。如果再考虑中国奢侈品消费还处于从炫耀性消费到生活方式转变的特定阶段，那么消费税政策走向就更明显。在炫耀性消费阶段，购买奢侈品的不仅仅是高收入者，大量中低收入者也会加入入门级奢侈品的消费大军行列。中低收入者用几个月甚至更长时间的收入来购买奢侈品。消费税无法区分购买者收入水平，这样，重税难免伤及中低收入者。中低收入者海外购物机会少于高收入者，这种“伤害”可能比想象的还“重”。

全球化对发展中国家税制选择有着根本性影响。通常认为，发展中国家的税制结构应以间接税（货物和劳务税）为主体，但全球税收竞争导致税高国家税源流失，这就要求发展中国家因应形势变化，选择更适合的税制。简单说来，需要下降的不仅仅是消费税税率，增值税税率和其他间接税税率也有下调的必要。

豪华车消费税税率是否需要进一步提高是个问题。这实在是夸大了税收作用。的确，豪华车非中低收入者的购买力所能支付的，但是不是高收入者的所有正常消费行为，都应付出超常代价？再退一步，既然高收入带来众多麻烦，那么高收入者又有多大的必要再努力去创造财富呢？发展中国家的国情，决定了我们仍然需要财富创造者，仍然需要鼓励财富创造者。这种鼓励应是多方面的，消费税至少不应在此起相反作用。

如果考虑到乘用车消费税最高税率已达40%的事实，考虑到中国市场上乘用车价格，特别是高档车价格远高于发达国家的事实，那么消费税是否还有必要再对汽车价格上升起到推波助澜的作用？如果考虑到汽车消费升级换代的需要，进一步提高消费税税率会不会影响消费升级？毕竟消费税课税目的不是让人民生活得不美好。

在税收收入压力加大之际，即使要增加消费税收入，税制调整也要注意征税对象，可行的选择应该是对烟酒消费多课税。2015 年中国卷烟消费税提高之后，卷烟价格同步上调，结果是消费税收入上升且卷烟消费下降，既保证了国家税收收入，又抑制了烟草这一有害的消费。这一做法已作为国际经验，被世界卫生组织在全球推广中国经验。除了烟酒消费税之外，其他多数消费税不太适合上调。成品油消费税历经多次上调，承受了较大的社会舆论压力。成品油零售价中消费税占比已经较高，这就直接导致中国油价在世界上处于较高的水平，人民难以充分享受到国际石油市场价格下降所带来的福祉。特别是，汽车时代的到来，汽车消费已经很普遍，仅仅以环境保护为由上调成品油消费税，不容易为老百姓所接受。实际上汽车节能技术的改进、油品质量的改进等等，都可以为环境保护做出更大的贡献。

五、投资者税负如何轻

投资回报的高低和投资者的竞争力直接相关，但是较轻的税负无疑可以为投资者插上飞翔的翅膀。税负是营商环境的重要组成部分。降低投资者税负，可以吸引尽可能多的投资者，可以让中国成为更多投资者的乐园。

引例1　曹德旺说中美制造业税负

2016年12月，福耀玻璃董事长曹德旺指出增值税是企业最重的负担，而美国没有增值税，只有35%的所得税，加上其他各项税费总共大约40%，中国制造业的综合税负比美国高35%。其中问题主要就出在增值税上。他认为，增值税让很多小微企业无法发展壮大，难以和大企业做生意，形成恶性循环。他还指出，中国制造业成本太高，美国天然气每立方米相当于7毛钱人民币，中国在政府很优惠的前提下的价格卖2块2毛；电价，美国3毛钱左右，中国6毛多；高速公路，美国不收费，中国过路费每吨5毛钱。税负重肯定影响投资。不同行业的税负不一样，不同企业也可能面对不同的经营成本。曹德旺提出企业税负问题，只为提醒危机感。

（资料来源：张泉薇：《曹德旺：公开讲税负 只为提醒危机感》，《新京报》2016年12月21日，http://epaper.bjnews.com.cn/html/2016-12/21/content_664955.htm?div=-1）

引例2　娃哈哈缴纳了500多种费？

2016年12月底，娃哈哈集团董事长宗庆后提到一年要交500多种费。财政部、国家发展改革委高度重视企业反映的问题，委托浙江省等25个省（区、市）财政、价格及其他有关部门协助核对娃哈哈集团及所属企业的缴费情况，采取与企业座谈、查账对表等方式逐笔核对。此前，浙江省有关部门已公布了具体核对情况。

娃哈哈集团提供了所属131家企业2013年以来曾发生过的缴费项目共533项。经核，2015年有支出数据的实际缴费项目为317项，与企业提供的缴费项目相差216项。需要说明的是，317项收费的计算口径和国家收费目录清单公示的口径有所不同。如，国家批准设立的计量检定费1项行政事业性收费，企业按照计量器具的不同，分别记录为水表检定费、流量计检定费、温度计检定费、砝码检定费等64项收费。剔除这些重复计算后，2015年娃哈哈集团及所属企业的缴费项目为212项，缴费金额7 412.06万元，包括：一是政府性基金2项，全部为国家设立项目，共3 456.43万元；二是行政事业性收费26项，其中，国家设立22项，地方设立4项，共2 185.25万元；三是国有资源有偿使用收入（排污权出让收入）1项，为国家设立项目，共372.91万元；四是经营服务性收费148项，共1 236.30万元；五是协会商会会费、订刊费等其他收费35项，共161.17万元。

从核查情况看，由于娃哈哈集团在各地所属企业经营规模、经营范围、经营行为不同，企业在各地具体缴纳的收费项目不尽一致。比如，该集团及所属企业在浙江缴纳政府性基金、行政事业性收费和国有资源有偿使用收入共11项，全部为国家项目；在山西缴纳10项，其中8项为国家项目，2项为地方项目；在天津缴纳3项，全部为国家项目。此外，各地经营服务性收费也有一定差异。

2016年娃哈哈集团尚无全年数据，但从2016年1—9月数据看，较2015年同期在缴费项目和金额上，均有一定程度减少。

（资料来源：整理自《财政部 国家发展改革委有关负责人就进一步清理规范涉企收费有关问题答记者问》，2017年1月18日，财政部网站，http://www.mof.gov.cn/zhengwuxinxi/caizhengxinwen/201701/t201701 18_2522371.htm）

消费者所面对的部分间接税负担，投资者也要面对。价外税、价内税只是税收计征方式的技术性处理，从实质上不能改变税负转嫁的可能性。对投资者课税必须树立征税不能摧毁社会财富的观念。

对投资者税负问题的争议很大，有的甚至直接喊出“死亡税率”，但“死亡税率”在中国不是事实。“死亡税率”的提出者确实起到了提醒大家注意税负问题的作用。

特朗普上台之后，美国积极推动减税，中国必须高度关注，并采取必要的对策。

投资者需要“轻税”政策

征税不应毁灭社会财富。企业不赚钱的生产经营活动本身就是在毁灭社会财富。从国家治理的视角来看，如何征税要突破收入至上的思维。时下各种各样的加税主张，突破了市场经济下征税的底线——征税不是为了毁灭社会财富。

当前中国税收收入大部分来自增值税、企业所得税、消费税。增值税、消费税、关税等属于间接税，相关税收绝大部分由企业直接缴纳。最直接感受到税负的也是企业。这些间接税构成了企业生产经营的直接负担。企业自然而然地会成为税负过重需减税政策的第一呼吁者。全球化背景下，竞争不仅局限于国内。国际竞争的增强更是突出企业税负问题的严重性。发达经济体间接税占税收收入的比重相对较低。客观地说，间接税负担在一定程度上阻碍了中国本土企业的成长。

征收企业所得税可视为国家参与企业分红。25%的企业所得税税率可形象地表述为国家占有企业股份的四分之一。如果考虑到企业所得税所依据的应纳税所得额计算条件比依会计准则计算的利润要苛刻得多，即企业计算利润时所确认的成本费用不一定为税务机关所认可，那么，国家“占股”实际上超过四分之一。从创造财富来看，征税所依据的成本费用确定方式应尽可能考虑现实条件。但从总体上看，企业所得税是企业赚了钱之后才交税，征税基本上不会毁灭社会财富。

间接税与此大不相同。间接税是企业只要有生产经营活动就要交税，与企业是否赚到钱无关。企业不赚钱的生产经营活动本身就是在毁灭社会财富。如果再考虑到间接税负担，那么企业毁灭财富的速度就更快了。

市场经济正常运行所需要的保护资本的条件就不太容易具备。由此看来，需要降低间接税在税收收入中的地位。

直接税比重上调就是在这样的背景下受到重视的。既定的税制结构调整方向是逐步提高直接税比重。现实是：企业所得税和个人所得税加总超过税收收入的四分之一。与发达经济体相比，个人所得税所占比重偏低，但企业所得税占比偏高。全球化促进全球税制趋同。依此，企业所得税比重还会下降，而个人所得税的比重需要上升。

提高直接税比重，不见得非要上调直接税负担。间接税比重下降，本身就意味着直接税比重的提高。放长远看，经济增长的成就一定会在直接税中得到更充分的体现。需要收多少税，还受税制之外的因素影响。中国有庞大的国有经济，但目前国有经济对政府经费的贡献极其有限。不仅国企赚钱之后分红少，而且即使分红之后，多数资金仍在国有经济内部循环。如果能够提高国企为公共服务经费的贡献度，那么税收就有进一步下调空间。

行政性收费和政府性基金种类也不少。现实中，其中又有多少属于跑冒滴漏？数额庞大的社会抚养费到底去哪儿了？各种国有资源占用的补偿费是否收齐？以此类推，如果这些收费和基金能真正有效地利用，那么税收下调空间岂不更大？

当下，地方税收入问题更是引人注目。实际上，地方政府本该拥有的一些收入，却未能真正足额获取。占道停车费，一次又一次地以调节的名义上调，但真正落到国库的又有几何？出租车牌照费，有多少本应成为地方政府的收入，而今落入牌照持有者手中？

市场经济需要有效政府。有效政府运行需要税收。这是税收存在的最基本原因。选择市场经济，就意味着征税至少不能违背市场经济的基本原则。选择市场经济，是因为市场经济在过去数百年里所创造的财富是有史以来最多的，是因为改革 40 年的中国实践表明市场经济能给国人带来更多福祉。需要市场经济，需要市场机制来创造更多的财富，那么至少不能让税收在其中扮演毁灭社会财富的角色。

正视企业家的税负提醒

福耀玻璃集团董事长曹德旺谈论在美国投资的税负时，指出中国税负比美国高。就间接税而言，曹德旺所言并非虚构。这背后的原因是中国的税制结构不同于美国。要真正比较税负的轻重，需要将间接税和直接税加总。中国是间接税为主的国家，美国是直接税为主的国家。中国间接税税负比美国高，也是正常的。间接税为主的国家，税收收入主要来自企业。直接税为主的国家，税收收入来自个人的部分较多。这样，企业在直接税为主的国家感受到更轻的税负，本来就是很平常的事。企业生存要考虑方方面面的因素。曹德旺在谈到在美国的经营成本时，也说到美国用工成本，特别是蓝领工人成本高的问题，而且在福耀投资的企业中，蓝领工人年龄较大。他也说到美国的物流成本问题。中美企业经营成本对比不仅是企业投资需要考虑的问题，而且对于一国税收制度和其他具体制度的设计、公共政策的选择都有重要的启示意义。

对于这类问题，应有的态度是正视，而不是逃避。企业投资择址不是一个简单的问题。除了考虑成本之外，还得考虑企业产品的市场。市场距离是个问题。在销售地生产，可以更靠近市场。跨国投资有时更多是为了躲开贸易壁垒，包括关税壁垒和非关税壁垒。企业为了谋取最大利益，会通过各种方式降低成本。

在经济全球化背景下，中国企业“走出去”本来是一件很正常的事，但是曹德旺先生的言论还是令人产生了误解。有的甚至用“曹德旺跑了”来加以概括。显然，这对他是不公平的。福耀玻璃的市场65%在中国，他怎么可能真正跑得了呢？曹德旺本人是慈善家，在中国的捐款多达数十亿元。曹德旺在说美国税负的时候，也说到美国人工成本偏高，且不容易找到工人的情形。中国人工成本现在还是远低于美国，中国还在享受人口红利。但是，中国已经进入老龄化社会，未来老龄化速度还会加快，劳动力丰富所带来的人口红利将很快消失。近年来，中国劳动力工资成本的上涨是对这种人口结构变化的反应。曹德旺的直言同时是警言，提醒中国的税制结构亟待改革。

“死亡税率”不能说明多数企业生存的现实

有学者提出企业的“死亡税率”问题，引起了社会各界的热烈讨论。有学者以所谓民营企业税负数据为依据，说明中国企业已经不堪重税。有的学者则强调企业税负痛感。不能说这些学者的说法没有依据，但这实在无法得出中国企业面对的是“死亡税率”的结论。

如果“死亡税率”的说法能够成立，那么我们就无法解释现实中多数企业都还存在的事实。如果还要坚持“死亡税率”说法成立，那么这只会得出多数企业都要靠逃税才能过日子的荒诞结论。显然，这都不符合事实。“死亡税率”问题不能当真来看。但是，我们也不应该漠视“死亡税率”得到社会回应的问题的实质。的确，中国税制需要优化，而且需要一次根本性的改革。

每一次对税负问题的讨论，总是容易引起社会共鸣。过去若干年，《福布斯》杂志曾把中国列为世界上税负第二重的国家。后来，经过多年的讨论，人们终于认识到那个税负是为特定人群计算的。而且，简单地将各种最高税率加总在一起计算所谓“税收痛苦指数”有很多误导。并不是所有人都会适用最高税率。这一次“死亡税率”引发的税负争论，确实有点不同。

增值税税率简并且降低税率可以让减税更加有效

中国税制结构决定了间接税税负从整体上可能高于以直接税为主体

的发达国家。企业承担较多税负的事实，决定了企业会感受到较重的税负。减税是积极财政政策的重要内容。以间接税为主体的国家，减间接税是最有效的。增值税是中国第一大税种，减增值税是理所当然的。

“营改增”试点按照原先设计的方案，应该是不增加企业税负。减税政策的设计是基于数据测算的结果。2016 年预计减税 5000 亿元，是总体而言的，减税感受可能在不同经济主体之间表现出很大差异。

“营改增”之后，有的经济主体会更多地感受到减税，但也有的经济主体可能会抱怨税负不降反升。“营改增”试点开始之后，此类问题都不同程度存在。“营改增”试点前后企业税负到底是增还是减？这就是一个突出的问题。有的企业没有感受到税负的下降，原因可能是多方面的。

进项税额的不确定性会让“营改增”前后税负比较变得更加困难

“营改增”试点方案起初将企业税负不增加作为改革的目标之一，后来将这一目标确定为行业税负不增加。这是一个很大的进步。但是，“营改增”中的税负问题仍然存在。行业税负不增加在实际操作中仍然需要有抓手，这种抓手很容易又转换为企业税负。而具体企业税负受到很多种因素影响。“营改增”之后，企业销项税额（以企业销售额或交易额为依据计算的增值税额）与原先缴纳的营业税具有可比性，但是在特定时间段企业实际应缴纳的增值税还要取决于进项税额（全面试点后，企业购进的商品和服务的所支付的增值税），进项税额只要符合条件，基本上都能得到扣除，即企业最终所缴纳的增值税额等于当期销项税额和当期进项税额之差。营改增全面试点之后，新增不动产的进项税额也可以抵扣。不动产价高，所对应的进项税额大，即使进项税额分期抵扣，也是一个相当可观的数字。如果当期进项税额超过当期销项税额，那么根据计算，企业当期的应纳税额就为负数，这个数留待以后抵扣，企业当期实际应纳税额为零。这在缴纳营业税的时代是不可想象的，只要有交易，就有应纳营业税额，且通常不太可能为负数。这样，“营改增”之后，只要企业当期进项税额多，那么在这一特定时期，企业的税负很可能就会表现为下降；如果企业当期进项税额少，那么在这一特定时期，企业的税负可能就会表现为上升。也正因为如此，简单地进行税负的短期比较，很容易出现偏差。有可比性的是同一营业周期的税负比较，但如果考虑到固定资产折旧需要较长时间，那么合理的税负比较需要覆盖最长的固定资产折旧期。也就是说，要比较年度税负，需要对固定资产折旧所对应的进项税额作同步摊销才合理。此外，各种购进商品和劳务所对应的进项税额也需要在各期进行合理分配。只有这样，“营改增”前后的税负比较才有真正的意义。事实比这还复杂。企业在一个营业周期内的固定资产以及其他各种承载着进项税额的购进行为还有不确定性。这或者是由于企业技术的进步，或者是因为外部市场需求的变化，或者是其他方面的原因……总之，合理的同一营业周期内的税负比较，在选择税负数据时，也会遇到许许多多难以想象的难题。现实中，一个月、三个月、半年、一年的“营改增”前后税负比较，虽然简单，但是这也容易造成税负评价的偏差。

实际税负问题远胜名义税负

一些原先未能实现有效税收征管的企业，在缴纳营业税的时代，缴纳很少或几乎不缴纳营业税，随着“营改增”的进行，企业税负可能大幅度上升。这类企业如果不开具增值税专用发票，那么企业的销售和服务的提供就会遇到问题。下游企业得不到增值税专用发票用于抵扣就可能不会选择和这样的企业进行交易。这样，对于原先缴纳很少营业税或不缴纳营业税的企业来说，“营改增”之前的税负为很小或零的金额，但“营改增”之后的税负可能处于较高的水平。“营改增”方案税负增减的测算只能依据名义税负进行，这容易出现税负判断的误差。当然，有人会说，“营改增”不是让税收制度的执行更规范，让税制更加公平吗？说得没错，但企业如果不能适应这种新的实际税负的增加，那么唯一的选择就是关门倒闭。这样的结果对企业和政府都不见得是好事，不仅税收没了，而且还会影响就业。要让社会真正感受到减税，最好的办法就是加快增值税改革步伐，简并税率并下调税率。2017 年 7 月 1 日起，增值税 13% 的低税率并入 11%，但仅此是不够的。13% 税率所对应的商品很少，且本来就属于应该鼓励和支持生产的商品。未来应进一步简并税率，将增值税的基本税率确定为 10% 左右，低税率定为 5% 左右。税率的大幅下调，可以让减税政策更加明显，让积极财政政策更加有力，也会让投资者感受到更轻的税负。

投资者轻税负应对世界经济变局

中国企业赴美国投资以及各类“走出去”行为，是中国经济和世界经济融合的表现，是值得鼓励的行为。在这样的背景下，中国税制改革就不能只考虑自身的因素，而且还要考虑到世界其他国家特别是其他大国的因素。美国是世界经济第一大强国，中国不可能漠视。考虑到特朗普总统上台之后所要强力推行的制造业复兴计划，中国所面对的税收制度竞争形势将会更加严峻。中国理应有合理的对策。中国不能简单地以欧洲的增值税税率比中国还要高为由，就不去优化增值税制。实际上，中国企业感受到税负高，还有税收之外的因素。土地价格、能源价格、各种行政性收费以及政府性基金等的企业负担也不可小觑。中国能源价格处于高位，与节能减排政策有关，但节能减排难道就一定要通过涨价而不是技术改进来解决吗？各种收费和基金多了，即使税收只是多出一点点，企业的税负痛感也可能增强。税收可能被视为压在企业身上的“最后一根稻草”。这样，收费和基金能不能不收或少收些呢？

社会对企业税负问题的关注，特别是在促进民间投资的背景下，重新思考中国税制有着重要意义。十八届三中全会通过的《中共中央关于全面深化改革若干重大问题的决定》要求逐步提高直接税收入比重，这一目标的落实，在很大程度上就是要靠降低企业间接税的负担。不折不扣地落实减税政策并深化税制改革，让企业在轻税环境下更好地成长，是当前税制改革和政策选择应该着重关注的问题。

重要的是降低企业的各类负担

仅仅降低企业税负是不够的。我们需要从广义税负入手，降低企业的各类负担。诚然“死亡税率”的说法夸张，但企业负担确实是个严重的问题，需多方协力加以解决。

降负担即降成本

企业负担重的另一面是高成本问题。2017 年是供给侧结构性改革的深化之年。“降成本”当是改革的重要内容。显然，降成本是任何一家追逐利润的企业都会努力去做的。只要是真正的市场主体，都不会放过降成本的机会。企业所能降的成本是企业内部的生产经营成本。企业效率有高低，这决定了不同企业的成本不同，也决定了即使外部条件一样，不同企业也有不同的命运。那些属于具体企业个性化的负担问题，或者更准确地说，属于市场主体应该自己解决的问题，不是“降成本”改革和政策的着力点。“降成本”应该在企业能力之外着力。

税负肯定会构成企业成本的一部分。中国以间接税为主的税制结构，与以直接税为主的税制结构相比，肯定会让企业感受到更多的税收负担。但是，从总体上看，中国狭义的宏观税负（只算税收）在世界上也只能是中等偏上的水平。而且，过去几年，中国一直在实行积极财政政策，企业研发加计费用扣除，固定资产加速折旧，中小微企业税收优惠等政策，无一不是在减税。“营改增”试点也一直在强调减税，特别是新增不动产进项税额抵扣更是属于实实在在的减税政策。必须承认，政策从出台到最终落地，让企业真正感受到减税所带来的实惠，可能需要一段时间。这提醒我们，减税政策一定要结合有效的配套措施进行，否则政策预期落空就可能产生更多的负面效果。减税是相对而言的。企业感受到的是实际税负，因此，所有用名义税负进行测算的减税政策有必要重新加以评估。

狭义的税负问题相对容易应对。税收征管与政府的非税收入、政府性基金收入等相比，要规范得多，严格得多。我们可以预期，随着税制改革的深化，减税政策的进一步落实，狭义的税收负担会更加合理。

税收之外的广义税负不能轻视

企业税收之外的负担是最值得我们关注的。众所周知，房地产价格的高企最终会在房租上得到充分的体现。虽然不是所有企业要承受同样高水平的地租，但是地租吞噬企业利润问题不容小觑。实体企业为房地产行业“集体打工”问题不能不加以重视。长此以往，所有的投资者都期盼着成为收取地租的寓公，那么一个社会发展所需要的创新到哪里去追寻呢？从表面上看，不少制造业企业享受到招商引资所带来的低地租收益，但是，企业所雇佣的员工又哪能不考虑住房支出呢？

从表面上看，地租收入流向了房地产企业，但从根源上看，导致这种现象发生的根源在土地财政模式上。以卖地为中心的土地财政模式，使得各级政府只要有机会，就可以凭借土地实质上的地方所有制为自己谋取尽可能多的租金收入。创新驱动发展战略的实施，需要的是降低地租在社会收入中的份额。土地资源本来就是大自然赐予的，真正创造财富的是人的劳动，应该让创新能够提供更多份额的收入。对于中国来说，这也是经济结构优化和产业升级所必需的。

这几年，政府取消了许多收费和基金项目，这无疑大大降低了企业的负担。但是，仅此还是不够的。从现实来看，各种行政性收费和政府性基金收入项目，需要逐一打开，分析这些收入项目是否还有必要存在。现实中的“收支两条线管理”并不妨碍具体支出与特定收入的相互挂钩。收入与支出应该有什么样的对应关系，需要一一分析。政府性基金收入项目更是专款专用，但一些项目的设立年头已久，多次续期是否还有必要，不能不深入讨论。在特定时期，特定的政府性基金收入项目保障了必要的公共服务的提供。而当公共服务提供所需要的基础设施已经较为完备，或者税收收入完全能够满足支出需求的时候，那么这样的政府性基金项目就应该退出历史舞台。行政性收费同样如此。政府支出与各类收入应该对应。各类预算收入应该尽可能统筹使用。国企分红和利润收入就应该更多地用于公共服务支出，由此可以降低征税收费和基金征收的压力。

隐性负担问题需要特别注意

现实中企业的负担有相当部分是隐形的。它们以市场服务收费的形式存在，企业支付价格从而享受到一对一的服务。形式上的公平不能掩盖实质上的不公平。一些行业协会的收费，并不是随行就市的收费，而是代表协会背后政府部门的力量的收费。这样的行业协会，实际上是独家垄断经营，不是真正意义上的行业协会；且在收费时大有占领高地，振臂一呼，就要企业响应之感。解决这种问题需要切断行业协会与政府部门之间说不清道不明的关系，需要的是政府职能的转变。

有些收费项目不是行业协会在操办，甚至是以企业或中介机构的市场化业务的形式存在的。但是，这类企业或中介机构可能是所谓“潜规则”的具体执行者，背后仍然是政府部门或某些官员的力量，是所谓的“红顶商人”。说穿了，这里仍然是权钱交易，只不过交易不再是企业或中介机构与官员之间直接进行的。但是，交易各方心知肚明。解决这种问题，需要的同样是政府职能的转变。

市场化改革不充分，也让一些企业在市场活动中利用自身垄断或准垄断地位，收取高额费用，而增加一般企业的负担。能源资源产品和一些公共服务高定价的背后，会让企业负担加重，这里需要的是价格体系的理顺。融资难融资成本高问题的背后，有金融业市场化程度不够的因素，这里需要的是放松金融规制。

从解决问题的途径来看，我们可以试着去解剖企业的各种负担，去寻找企业的各种支出的真正去处。当沿着这个方向去做的时候，我们可能会发现，一般的企业对有影响力的部门、行业协会、金融机构等又岂敢说三道四？而当等到问题发生时，往往是企业已经无法承受了，企业可能就会进入快速死亡通道。因此，解决问题之道仍然在于政府职能的转变，必须以政府主动改革取代各种“倒逼式”改革方案。

在全面深化改革的今天，作为市场细胞的企业，不能因为企业之外的各类负担太重而无法很好地生存和发展。我们不能陷入无谓的争论：这项负担高吗？那项负担高吗？都说不高，都说自己不是让企业不能生存的因素，可是即使是很低的标准，数量多了，积少成多，结果会是什么？正常情况下，一根稻草压不死企业，一捆稻草压不死企业，可是，企业的负担已经很重了，再加一根，再加一捆试试？在国内外经济环境日趋复杂的今天，政府应该与企业同在。重要的是降低企业的各类负担！没有企业，就没有税收收入。没有企业，就没有中国的明天。

投资者更关注的是资本回报率

税负轻重之争很难有答案。宏观税负即使只有1%，如果不能有对应的公共服务，那么这样的税负也不能说是轻的。宏观税负在40%以上甚至更高，但如果有健全的社会保障制度和高水平的公共服务，那么这样的税负也不能说就是重的。正因为这样，如果不考虑公共服务，那么税负横向比较只能说明一个事实——税收水平的相对高低。这离税收水平是不是为人民所接受还有不小的距离。一般说来，越是民主的国家，越能够接受高水平的宏观税负，因为税收会更多地用于公共服务。当然，最终决定宏观税负的因素有许多，包括一国人口的民族构成、历史、传统等等。

2014 年，中国资本输出规模超过资本输入，成为资本净输出国。福耀玻璃早在 20 年前就已经“走出去”，更早地感受到中国和其他国家税收制度差异。未来，国际税收竞争将越来越激烈，中国税负水平的确定也不能只看国情。大国税制的一举一动，中国同样需要关注。2017 年美国随着特朗普总统的上台，减税会成为主旋律，中国必须有相应的对策。

世界银行和普华永道最新发布的《缴税 2016》（*Paying Tax* 2016）对 189 个经济体的总税率进行排行，从中我们可以看到中国在世界上的排名。但是，这份报告的数据只是截止到 2014 年，无法反映最近两年税收制度和税收政策的变化。特别是，这两年，中国采取了一系列减税政策，对总税率的排名肯定有一定的影响。此外，总税率指标的选择作了一些技术处理，这是否合理也需要作进一步分析。当然，要从根本上改变这个排名顺序，中国还需要大幅度减税减费（行政性收费）减基金（政府性基金）。仅仅税制结构的变动很难改变排名。

企业直接缴纳的税收肯定会对企业行为产生最直接的影响。降低间接税收入比重，将有助于在中国的企业的发展。当然，税负是营商环境的重要组成部分之一。投资者是否投资肯定要关注税负，但不仅限于此。对于企业来说，最有意义的是税后资本回报率的高低。企业选址还要考虑市场、生产经营成本以及其他各种可能影响企业生存和发展的因素。这也提醒我们，在征税的同时，别忘了改善公共服务，这同样对改善营商环境是有帮助的。

销售税与增值税：重要的是税负

2015 年，美国税收收入占 GDP 的比例仅为 26.4%。在经济合作与发展组织（OECD）35 个成员国中，美国的这一比例仅仅比智利和韩国高。OECD 成员国该比例的平均数是 34.3%。就是这样，美国新当选总统特朗普还一再强调要减税。基于此，我们不能不关注美国的税制状况。这是中国税制改革的重要外部影响因素。经济全球化进程可能会受到各种各样的影响，但这一趋势是阻挡不住的。中国税制改革必须充分考虑国际税收竞争因素，特别是大国税制的动态变化更值得关注。

美国是一个以直接税为主的国家。从 2016 财政年度的政府总收入（包括联邦、州和地方政府）来看，所得税收入占政府总收入的 35%，社会保险税占 29%，从价税占 21%，收费占 7%，经营性收入和其他收入占 8%。所得税和社会保险税之和达到 64%。从价税包括关税、销售税、财产税等。其中的财产税属于直接税，加总之后，直接税收入占美国政府总收入的 70% 以上。需要注意的是，美国当前的政府收入结构的形成也经历了长期的变化。1913 年所得税法和 1935 年社会保障法的通过对当今美国税制结构的形成起了决定性的作用。

中美税制有很多不同点。仅从狭义的税收定义来看，美国的税制结构以直接税为主，中国以间接税为主。美国的直接税中有社会保险税。中国没有社会保险税，但有对应的社会保险缴费。政府收入来源差异很大。中国是一个城镇土地国家所有的国家，农村土地集体所有但要转让土地使用权得首先转变产权性质为国有后才能进行，因此有大量的土地收入。中国还有大量国有企业，来自国有经济的收入也不少。矿产资源等归国家所有，也会形成政府的收入。国有资源有的通过税收如资源税的形式转化为政府收入，有的通过国有企业零成本或低成本占有资源而最后以分红的形式转化为政府收入。

如果将中国的土地收入视为直接税，那么中国政府收入结构中直接税的分量会陡然上升。前几年甚至超过了政府收入的 50%。这也许可以解释为什么中国一直要提高直接税收入比重却难以奏效的情况。中国虽然没有美国那样的房地产税，但是，中国直接来自房地产的税收收入也不少，直接来自房地产的房产税、土地增值税、城镇土地使用税、耕地占用税和契税近年来占狭义税收总收入的比例一直在10%以上，这可以部分解释中国房地产税的实施为什么会那么困难。笔者曾在《税务研究》2014年第6期发表文章《税制结构现状分析与优化路径选择》对上述问题作了详细的阐述。中美税制的差异还有许多。两国都有所得税，中国的个人所得税在收入体系中地位较低。借鉴美国经验，汲取美国教训，立足国情，中国可以建立起更加适合自身需要的税收制度。

美国只有销售税，没有增值税。增值税只有60多年的历史，却风靡全球，大国当中仅美国没有。对此，常见的解释是政治原因。增值税要开征，销售税就要取消。一般情况下，增值税是中央税。美国如果开征增值税，那么这样的税收收入就要归属联邦政府。销售税本来是州政府税收的重要来源。州政府担心收入来源受影响，而不愿意选择增值税。也就是说，美国不引入增值税，不是增值税不好，而是增值税之外的因素所致。

美国的销售税由各州自己确定税率。州和地方多级政府都可能征收销售税。各州税率不一。各州税率，各州下属的市、县、特别选区等加征的税率也不同。各州允许各自下属地方加征不同税率的销售税。略举数例加以说明。路易斯安那州销售税税率为5%，各地加征的税率不同，最高可以达到12%。但是，路易斯安那州是2011年基普林格（Kiplinger's 2011）统计中对退休者税收友好的十个州之一。尽管销售税税率因为地方销售税率而处于高位，但食品和药物免征销售税。洛杉矶的销售税税率是9%，包括州的7.5%和县的1.5%。德克萨斯州的销售税（销售税和使用税）税率最高为8.25%，其中州销售税税率为6.25%，地方税务当局（市、县、特别选区和高速运输管理局）可以征收最多2%的销售税和使用税。佛罗里达州的销售税税率为6%，加上各地的销售税，销售税税率在6%～7.5%之间；州内有的地方没有额外征收销售税，销售税税率即为6%。纽约市的销售和使用税税率为8.875%，包括纽约市的4.5%，纽约州的4%，大都市通勤区附加的0.375%。芝加哥的销售税总税率为10.25%，是全美主要城市中最高的，包括州的6.25%，市的

1.25%，县的1.75%以及高速运输管理局的1%。

华盛顿州销售税税率为6.5%，加上各地的销售税率，总税率最高不超过9.9%。与其他州相比，华盛顿州的地方各级销售税税率相当复杂。华盛顿州销售税也可以在市、县、学区、通勤区和特别选区征收。当然，地方各级不一定都会征收销售税。例如，华盛顿州的金条（Gold Bar）销售税总税率为8.9%，包括了州、县和市的销售税税率。州税率6.5%，所在县的税率为0，金条当地的销售税税率为2.4%。华盛顿州的销售税征管难，准确征税艰难且耗时。亚马逊公司总部在华盛顿州，自有且经营数家订单履约中心和客户服务中心。这样的物理设施或网络，带来了亚马孙的销售税义务，而且许多销售者参与亚马孙的销售中心和订单履约项目。电子商务带来的销售税征管本来就是难题。华盛顿州作为改进销售税的一个州，正在努力改进税收征管工作。

美国各地不同税率的销售税制，有不同的形成原因。但是，这也从客观上带来了不同地区销售税税负不一的结果。地区间税收输出在所难免。不同的销售税税率对统一的商品和服务市场的形成显然也会有影响。零售环节课税符合消费地课税的原则。电子商务的迅速发展带来了销售地确定的困难，对于不同地区的税收收入也会有不小的影响。以仓库为基础确定销售地是否合适，仍然有争议。对于无形服务的销售来说，这更是难题。技术进步是否能够解决这个问题，仍然存疑。在这样的背景下，有人建议中国实施美国式的销售税，但意义有多大就值得怀疑。

事实上，零售环节征收销售税与对增值额课征的增值税是可以等价的。中国增值税全国税率统一，有利于统一商品和服务市场的形成。美国式的销售税只在零售环节征收，不会带来重复征税；中国充分抵扣的增值税也不会重复征税。关键的问题不在于选择销售税还是增值税，而在于税负水平。从美国的销售税来看，总体上低于中国增值税的基本税率（17%）。至于中国每一销售环节都要代垫的增值税税款，实际上并不是大问题，这里只是涉及资金的时间价值问题。关键的是商品要能够销售出去。如果商品不能销售出去，那么最终承担成本的还是生产者。

最近，世界银行和普华永道联合发布的研究报告《缴税 2016》（*Paying Tax* 2016）针对作为营商环境一部分的税收负担进行了综合考察。考察包括总税率、缴税时间和缴税次数。中国在 189 个经济体中排名第 132 位。《缴税 2016》对总税率的计算基于公司所得税、劳动税和强制性税捐以及消费税，因此，中国和美国的税收竞争力的差异，也不是税制结构可以解释的。任何研究报告总是基于特定的假设进行，都有一定的需要完善的空间，但这也提醒我们，中国的税制还需作进一步改革。由于该报告数据截止时间是 2014 年，中国最近两年的减税政策在报告中可能没有得到充分的反映。但分析仅仅止步于此，显然是不够的。美国销售税总税率总体上低于中国的现实，至少表明中国的税制竞争力有一定的提高空间。

降企业所得税，让投资者更真切地感受到轻税负

企业税负关乎企业竞争力，各国的税制选择不能不考虑这一点。中国正在深化税制改革，也必须从企业竞争力的视角考虑企业税负问题。根据全国财政决算，2015 年中国企业所得税收入为 27 133.87 亿元，在各种税收收入规模中仅次于增值税，占全国税收总收入的比重是 21.72%。这一比例近年常常在 20% 左右徘徊。未来中国企业所得税在税制结构中的重要性会上升还是会下降？逐步提高直接税收入比重是改革的既定目标，那么企业所得税收入会不会随着税制改革的深入而相应增加呢？

美国公司所得税大致相当于中国的企业所得税。美国所走过的路可能对中国会有所启发。目前，美国的公司所得税收入占联邦税收收入的比例只有 10% 左右。如此之低的比例并非一直如此。1952 年，公司所得税收入占美国联邦税收总收入约 1/3。美国的公司所得税收入在税制结构中的地位为什么会发生如此之大的改变？美国所得税将何去何从？关

于美国公司所得税改革，争议还有许多。这些争议或可给中国企业所得税制的下一步改革提供启示。

美国公司所得税现状：高税率与低收入

与公司所得税在税制结构中的地位不相称的是，美国的公司所得税税率并不低。美国公司所得税主要是联邦政府征收的，州和地方也征收少量的公司所得税。综合联邦、州和地方，2016 年和 2017 年公司所得税的平均税率都是 38.9%。在经济合作与发展组织（OECD）国家中，美国的公司所得税税负是最重的。在世界上，美国 38.9% 的公司所得税税率只比阿拉伯联合酋长国和波多黎各低，位列第三（据称美国公司所得税税率将降至 20%）。如此之高的税率水平，为什么就不能带来更高比例的公司所得税收入呢?

关于美国公司所得税存在许多争议。有人认为，正是因为美国公司的高税率，公司所得税收入占比才不升反降。目前，美国的直通业务（pass - through businesses，由企业所有者以个人所得税的形式而不是以企业所得税的形式为利润缴税——编者注）蔚为流行，收入几乎是 1980 年的三倍。直通业务所带来的收入只要在企业主个人所得税的申报表中体现就可以。如果这类业务带来的收入由公司缴纳所得税，那不仅要被征公司所得税，而且股东在获得红利时还要缴纳个人所得税。与直通业务蓬勃发展形成鲜明对比的是，公司部门的税收收入在萎缩，这直接导致公司所得税收入占比下降。

是否应该对公司这种组织形式单独课税，本身就充满争议。一笔收入是合伙企业、独资企业或其他符合条件的企业取得的，就只要缴纳个人所得税；而如果是公司取得的，就要缴纳公司所得税和个人所得税，这样的重叠征税理由是否充分？支持者认为，公司额外缴纳公司所得税，是股东应该负担的有限责任的代价。这么说也不无道理，但是代价应该多高值得讨论。如果更多的公司业务变成了绕开公司组织形式的直通业务，那么公司所得税负担就可能不合理，降低税负就是应有之义。按此，美国公司所得税的高税率就应相应下调。一种可能的结果是，税率下调之后，公司业务不再萎缩，公司所得税收入就不会减少，相反可能增加。

直通业务的兴起与美国1986年的税制改革有着密切关系。税制改革之后，个人所得税税率大幅度下降，直通业务的税负相应下降，直通业务在税收筹划上的可行性提高。这说明，公司所得税改革需要与个人所得税改革相协调，否则可能导致税源流失。中国的企业所得税实质上也是对公司课税，同样地，企业所得税改革也必须考虑与个人所得税联动。

美国公司所得税的高税率只是名义税率，实际税率远未达到这一水平。在美国经济中具有举足轻重地位的一些大公司，特别是一些财富500强企业，都在比较长的时间段内不缴纳或缴纳很少的公司所得税。这些大公司的平均实际税率远低于名义税率。它们充分利用税收筹划工具，缩小税基，尽可能少地缴纳公司所得税。在这里，关键点有两个：一是大公司，二是避税天堂。

大公司比中小企业有更强的税收筹划能力，在高名义税率的前提下，可以利用自身优势，将实际税率降低到极致。这样，大公司与中小企业之间所进行的是不公平的竞争。有人认为，这样的高名义税率规定是在惩罚规模小的、税收筹划能力不够强的企业。

避税天堂以及其他税率较低的国家和地区，是跨国公司的最爱，美国公司同样也不例外。一些盈利能力很强的美国公司，通过关联交易、转让定价等各种可能的手段，让这些低税地或避税天堂成为利润的实现地。事实上，一些美国公司就是这么做的，早已成为众矢之的，但现有的税法对它们无可奈何，因为它们这么做并不违反税法。美国公司海外收入递延纳税的规定，也让一些公司即使有利润，也不选择汇回国内或不急着汇回。留在海外的公司收入，也不会带来美国的公司所得税收入。

基于这样的现实，人们的认识是不一样的。有人认为应该降低名义税率，让大公司与中小企业之间的税负更加平等。降低税率可以增强美国企业的竞争力，从而让美国经济变得更加强大。但也有人持不同看法。

在他们看来，美国公司的实际税负远轻于名义税负，降低名义税率意义不大；而且，如果美国真的下调公司所得税税率，不仅可能不会增加公司所得税收入，反而会导致税收收入下降。这样的结果是难以接受的。现实中不乏下调公司所得税税率的观点，如将税率下调到25%或更低水平的呼吁一直存在。但是，对于结果到底如何，仍然存在争议。

难以确认的公司收入与成本费用

公司所得税征管从来就不是一件容易的事。公司所得税是对公司收入扣除成本费用之后的利润课征的税。公司收入的确认就是难题。公司毛利与应纳税所得额之间的巨大差距，体现的是税收优惠政策的影响。各种税收优惠政策，实际上藏着一个个税收漏洞。结果就是盈利的公司可能要支付大约35%的公司所得税，而账面亏损或有亏损可以结转的公司可能一分所得税都不需缴纳。各种税收优惠政策是否应该因此停止？显然，各种优惠政策都代表着不同的政策目标，代表着不同的利益，要取消谈何容易。

公司业务中随处可见转让定价。"市场价格"是不是真正的市场价格？要对此做出准确的判断，不仅需要收集各种相关信息，而且要处理好这些信息。各个行业的情况不同，而且传统行业在萎缩，新行业在兴起，跨境交易也越来越多。面对复杂的情形，谁又有能力做出令人信服的选择呢？避税天堂和低税地历来被视为动了许多国家"奶酪"的罪魁祸首。

在经济繁荣时期，它们的行为或可容忍，但在经济困难时期，被动了"奶酪"的国家税收收入形势不好，就会想方设法改变这一切。特朗普总统就职之后，会有什么样的新花样呢？他会不会采取包括税收在内的有效措施让那些在海外的美国公司收入汇回国内？他所选择的减税措施会有效吗？他所宣称的让美国强大的"再工业化"会成功吗？公司的投资决策显然不只是考虑税收因素。惩罚性关税不一定吓得住美国公司的海外投资。对于本来就可以在国际市场上自由流动的资金来说，又有什么样的理由让美国投资者选择将资金汇回国内呢?

公司成本费用的确定也是难题。美国税法对成本费用的规定可谓细微之至。什么样的就餐费用可以算业务招待费?什么样的费用不能算业务支出?与业务相关的就餐费用当然是为公司取得收入的必要费用，但是谁又能说清吃饭时谈的是不是业务呢?正式制度不可能规定一切，在具体执行中，非正式制度也很重要。公司所得税征管中的文化因素也不可或缺。当一个社会信任缺失时，征管就会遇到更多的困难。在美国，请客户看体育比赛的支出，不能算公司成本费用，在夜总会的支出更不应该是公司的成本费用，因为这都是消费。这样的规定厘清了公私界限，但这样的制度移植到中国又会怎么样?可能会有人说，我们的业务就是这么谈的。那么，是对业务费用支出采取比例控制，还是为取得收入所发生的成本费用都应该相应扣除，哪种方式更为合理?从理论上说，应该选择后者。但这对公司所得税的征管提出了更高的要求。中国企业所得税制度不可能照搬美国的，但美国公司所得税制度中的细节确实有许多值得中国参考。

细节决定成败，美国税法对细节的规定很多，但就是这样，美国公司所得税在税制结构中的地位事实上在下降。中国企业所得税的未来会怎么样?这对未来税收收入会有什么样的影响?未雨绸缪是必要的。

特朗普在竞选中多次声称要降税，但是他会做多少?特别是，在全球化与数字化已经对传统税收制度带来严重冲击的今天，各国也许更需要的是税收制度的根本性变革，而不仅仅只是对传统制度缝缝补补。为了更好地分摊公共服务的成本，一些新的征税办法或许需要尽快出台。

六、个人所得税负担如何轻？

个人所得税是对个人（家庭）收入课征的一种税。个人对这种税的负担感受特别明显。轻税不仅可以激发劳动热情，而且可以赢得国际竞争力，改进营商环境。减轻个人所得税税负，让个人（家庭）真真切切感受到轻税负，应该是未来个税改革的大方向。

引例1　国际高端人才的税收难题

笔者有一朋友，是国家某计划人才。现在的东家挖角时，他询问国内的个人所得税税负问题，对方的回答是，和美国差不多。年收入较高的群体，工资薪金所得适用45%的税率，从表面上看和美国的最高税率差别不大。他起初也不在意，回国后发现国内相关税负较重。他认为这样的税负不利于中国吸引高科技人才。区别是，美国的扣除项目较多，这在很大程度上降低了所得税税负。

引例2　明星个税负担规避之道

现在的明星提供服务，已经很少见个人直接去谈业务，更多是有专门的公司来谈，最后业务的承担者也多是公司。明星这么做，就不用缴纳劳务报酬所得税，团队运作的费用可以在公司成本费用中扣除，税负大幅度下降。有的明星甚至不从公司取得报酬，或只是象征性地领取微薄报酬，个人所得税负担大幅度下降。

个人所得税已经飞入寻常百姓家，成为一种“大众税”。但是，无论如何，个人所得税的应纳税额的计税依据必须是对收入充分扣除成本费用之后的应纳税所得额。成本费用的扣除必须充分。免征额随物价上涨有提高的必要，并需要建立与物价指数挂钩的上调机制。考虑家庭大笔开支因素，专项扣除也需要尽快结合个人所得税制改革尽快推出。

个人所得税有调节收入分配的作用，但切忌误伤我们正在培育的中产阶级（中等收入阶层）。个人所得税改革方案的选择要特别注意和税收征管条件相互协调。

飞入寻常百姓家的个人所得税

2016年，全国个人所得税收入超过万亿元大关，达到10 089亿元。从收入上看，个人所得税是增值税、企业所得税、消费税、营业税之后的第五大税种。从增速来看，个税同比增长17.1%，在各税种中仅次于增值税。国内增值税收入同比增长30.9%，但这里有“营改增”因素，增值税和营业税之和同比仅增长5.4%。“营改增”全面试点之后，营业税融入增值税，个人所得税收入在各税种中排名第四。2016年全国税收收入同比仅增长4.4%，个税收入增速可谓一枝独秀。2016年GDP增长率为6.7%，个税增速达到17.1%。二手房交易活跃等所带来的财产转让所得增多是个税收入快速增长的特殊因素，但个税收入增长潜力仍不可低估。

按照一般的发展规律，经济增长不仅会带来个人所得税收入的快速增长，而且会大幅度提高个税在全国税收收入中的地位。工资薪金所得的减除费用标准在2011年9月1日起从2000元/月大幅度提高到3500元之前，个税收入占全国税收收入的比重一度达到7%，但这以后，不仅个税的纳税人数量一度急剧萎缩，而且个税在全国税收收入中的地位也有一定程度的下降，甚至低于6%。由于经济的持续增长，个税税源一直较为丰富。随着税收征管力度的加强，个税收入以远远超过经济增长的速度增长。个税将和越来越多的个人有关。

个人所得税改革话题一直是社会各界关注的焦点。所有人只要有收入，都可能要缴纳个税。个税关乎所有人的利益，而不只是一部分人的利益。个税与增值税、消费税等相比，纳税人的税收负担感更强。现代意义上的个税出现得很晚，从1799年英国开征算起也就200多年的历史。中华人民共和国也是在成立30年之后的1980年才开始有了个税。个税开征之初，主要是为了适应对外开放和维护国家税收主权的需要，与绝大多数中国公民没有直接关系，因为那时绝大多数人的收入水平连每月800元的免征额都够不上。

个税改革决策引起社会舆论高度关注莫过于2005年9月27日全国人大常委会的个税改革方案听证会。这次听证会的核心问题之一是工资薪金所得减除费用标准（免征额，社会上误以为是“起征点”，参见专栏6-1）的调整。这是国人首次直接面对具体的个税改革决策。听证会之后，个税免征额从800元上调到1600元。与此同时，年所得12万元以上的个人被要求进行自行纳税申报，个税和个人的关系越来越密切。2011年，全国人大常委会法工委、全国人大法律委、全国人大财经委等部门除了向各地和有关部门等机构征求个人所得税修正案草案意见外，还通过中国人大网，邀请专家和社会公众代表征求意见。最终通过的修正案将原先公布的工资薪金所得每月免征额3000元上调到3500元，并将九级超额累进税率改为七级超额累进税率。这次个税改革，还将工资薪金所得所适用的45%的最高税率，从月应纳税所得额10万元下调为8万元。这次税法修订，在草案的说明中，专门强调加大对高收入者的调节力度。这次免征额的上调，大大减少了工资薪金所得税纳税人数量。但是，经过近几年的恢复性增长，个税纳税人数量也达到了较高的水平。

专栏6-1 起征点和免征额

“起征点”和“免征额”是一对接近但不一样的概念。不到“起征点”不征税，到了“起征点”，就要全额征税。在“起征点”和“免征额”以下，都不用纳税。超过免征额，只要就“免征额”之外的金额纳税。一个人月工资薪金所得一个月的减除费用标准是3500元。如果这是“起征点”的话，那就意味着，一个月工资3400元，一分税不用缴纳，而一个月工资收入3600元，就要对3600元全额征税。如果这是“免征额”的话，只要对3600元扣除掉3500元后的余额即100元课税。“起征点”与“免征额”相比，会抬高税负！现实中“起征点”的误用滥用已很普遍，但这还是不能以讹传讹，因为税法同时有“起征点”和“免征额”的规定。

个税改革定位：建立一个让人民满意的个人所得税制

建立一个让人民满意的个人所得税制，毫无疑问应该是个税改革的最主要的目标。当然，税负轻重争议很大，目标实现的难度更大。全球化背景下国际税收竞争因素不能不多考虑，个人所得税制必须是具有国际竞争力的税制。

税基的选择直接关系税负的轻重。想让个税更加人性化和个性化，就必须接受复杂的税制。但是，纳税人对税制的复杂度的接受程度又很不相同。美国 1986 年税制改革方案除了降低税率之外，还有一个重要目的是促进纳税人之间的公平。各种各样出于人性化考虑所设置的税收优惠政策，大大增加了税制的复杂程度。面对如此复杂的税制，不是所有人都有能力加以充分利用的。能利用者实际税负轻，不能利用者实际税负重。于是，降税率的同时要求扩大税基。因此，当时呼声很高的住房按揭贷款利息扣除取消，后来就因为政治压力太大而没有通过。中国个税改革应对此类矛盾，只能进行权衡取舍。

从当前情况来看，个税改革还是定位为减税改革比较合适。通过减税，让个税更加人性化，适应不同群体的需要；通过减税，让个人所得税制更具有国际竞争力。

成本费用应得到充分的扣除：免征额和专项扣除

个人所得税是对个人收入课征的一种税。个税要公平，应该对个人收入作合理的扣除之后再征收，即应对个人收入扣除合理的成本费用之后的所得额课税。所有人获得收入都要付出成本费用。成本费用的扣除不仅要体现获得收入的个人自身的成本费用情况，而且要考虑作为个人生活的最基本生活单位的家庭正常运行的成本费用情况。成本费用的扣除至少应体现个人和家庭简单再生产所需的成本费用情况。

成本费用的确定在很大程度上就要通过个人收入的扣除额来体现。现实是，谁都希望税负轻点。这种税负诉求很正常，很合理。问题是，税负不可能为零。理性的社会必须通过税收为公共产品和公共服务融资，在此前提下尽可能实现税负的公平。

社会公众关注个税免征额的进一步上调问题，希望每月提高到5 000元、8 000元、10 000元等水平之上。提议者的理由不外乎物价上涨和生活成本费用提高。这也对，但为什么选择这样的金额，而不是其他？绝大多数人给不出令人信服的答案。免征额应提高多少和个税定位关系密切。当个税只是一种对少数人课征的“精英税”时，那么免征额可以定到一个多数人够不到的水平，例如1980年个税初设时的800元。当个税已逐步走向民间，成为“大众税”时，免征额不可能高高在上，但是，所得税毕竟是对收入扣除成本费用后的所得额征税，不能不考虑生活成本费用的增加。3 500元的免征额是2011年9月1日开始实施的。如果个税定位没有发生变化，那么免征额进一步提升就很有必要。免征额水平确定已有数年，基本生活费用已有较大幅度的提高。在个人所得税定位未作改变的前提下，3 500元的标准扣除理应同步上调。

免征额上调后，个税纳税人肯定会减少，但这不应成为标准扣除不能进一步上调的理由。个税是对收入扣除生活费用之后的应纳税所得额征收的。作为基本生活费用的标准扣除，是取得收入所必需的。为了保证收入的可持续性，为了尽可能减少个税征收对个人和家庭生活的影响，建立标准扣除动态调整机制势在必行。除了正常的年度调整机制之外，物价上涨累计达到一定水平（例如5%）也应启动相应的调整机制，而不必待到第二年。

标准扣除与专项扣除应该区别对待。未来免征额的进一步调整可以考虑与专项扣除协调。在专项扣除尚未到位时，标准扣除不仅要考虑基本生活费用，一些专项的大笔支出也应该适当考虑，以减轻个人的税收负担。

目前中国实行分类所得税制。各类所得根据不同情况确定扣除额(少数不扣除)，与税收征管的实际情况是相符的。当前个税改革更多关注综合与分类相结合的目标实现问题。这提供了另一种提高生活成本费用扣除的契机，即增加特定类型的生活成本费用扣除，让收入扣除额可以更好地反映现实变化的要求。个人和家庭生活成本费用负担最重的莫过于养老、教育、住房、医疗卫生等方面的支出。直接设定这几大类支出的抵扣标准，将让个税更接地气，更能反映个税只是对个人收入扣除必要的生活成本费用之后再课税的良好税制的要求。

中国已经进入老龄化社会，而且是“未富先老”的社会，个人和家庭养老负担比发达国家要重得多。赡养老人费用扣除不仅有利于减轻个人和家庭的负担，而且能够进一步弘扬中华民族尊老的传统美德。个人和家庭的教育支出是提高人民文化素质所必需的，个税对大笔教育支出作必要扣除，有利于良好教育风气的形成，并进一步提高民族文化素质，和科教兴国的要求也是相符的。抚养小孩的支出作必要的扣除，将是极大地有利于人口的可持续发展，我们没有任何理由在个税改革时予以拒绝。住房支出是当前广大人民重要的大笔支出，按揭利息支出是许多家庭的重要负担，设定抵扣标准，将大大促进个人住房条件的改善并进一步提高人民的可支配收入。大笔医疗卫生支出同样是相关家庭的重要负担，是生活成本费用支出的重要组成部分，对此规定必要的抵扣，可以大大改善个人和家庭生活条件。

如果说在分类所得税制下，我们更多关注工资薪金所得的扣除额即免征额问题，那么在综合和分类相结合的个税中，我们理应关注更多种类支出的抵扣问题，让个税更能体现社会公平正义的要求。

专项扣除：住房按揭利息支出应该怎么扣除？

在综合所得税制下，住房按揭利息支出扣除是必要的。这应该构成专项扣除的重要内容之一。的确，拥有住房者才可能有这方面的支出。与房价水平较高的现实相比，个人的收入水平相对较低，显然，要实现住房按揭利息支出的全额扣除几无可能。各地房价差异很大，个税设计中可以考虑各地不同情况，设定不同的利息支出标准。只要不超过这一标准的利息支出，就可以扣除。

为了避免按揭贷款购房者、全款购房者以及不同时间段还款的购房者的不公平，可以规定只要是住房担保贷款的利息支出都有同样的税收待遇。有人担心这样的税收政策偏袒有房者，而忽略无房者的利益。确实如此，但公共政策从来都是一套体系，而不是由单一的政策工具所支撑的。低收入无房户政府有保障性政策的保障，所提供的补贴不少于按揭利息支出的税收优惠。现实中，无房户的补贴早已实施。

建立综合与分类相结合的所得税制

中国现行的个人所得税属于分类所得税。计算应纳税额首先要将所得进行分类。税法将个人收入分为 11 种。各类所得按各自不同的方法计算应纳税额。这种计税方法的好处是个人所得税的征管较为便利，缺点是不能做到同样收入水平同等税负。

个人所得税负担的感受真真切切。个税轻与重，直接关系个人可支配收入，因此个税扣除问题易受关注。个税要更加人性化，但仅关注这一点是不够的。个税要更加公平，就必须迈出综合与分类相结合改革的重要一步。

之前，加强个税征管，多针对工资薪金所得。结果是，能够管得到的管得更严。这种状况需要改变。个税要更加公平，就应该加强现金交易管理和反洗钱力度，将一些游离在目前税收征管视野之外的富人纳入其中；通过国际税收合作，将国际避税减少到最低限度，让居民享有真正公平的税收待遇。显然，这项工作的完成除了税务部门的力量之外，还需要金融综合部门以及其他部门的共同努力。这是个税征管的基础性工作。做好了，个税征管所需的收入信息就容易获取，从而有利于征管工作的改进。

个税的人性化可以适当增加小额福利扣除，每人每年一定的小额过节费可以扣除。韩国、新加坡均有类似做法。这么做也可以避免社会上“月饼税”“粽子税”等不利于税收形象的说法，从而有利于促进税收制度的现代化。

个税要更加公平，最终必然走向更全面的综合所得税制。除资本利得外，其他各项收入应该合并之后，适用统一的方法计算应纳税额。这应该是一项长远目标。毕竟任何制度的选择要考虑现实的约束。个税的约束就在于目前个税所提供的税收收入占税收总收入还不到8%。税收制度的选择不能不考虑征管的成本和收益对比。但这样不是说个税综合制改革就从此不再前行。务实的选择是可以为此准备必要的条件，打好基础，等到某一天条件具备，改革就会水到渠成。

综合所得税制要求将各种所得合并在一起并按统一方法课税。这有相当的难度。现实中，一些所谓实行了综合所得税制的国家实际上也对资本利得网开一面，实行优惠的税收政策，实际上实施的也是综合与分类相结合的所得税制。只不过，这种所得税制的综合程度更高。中国已经确定综合与分类相结合的个人所得税制改革目标。这一目标的确定考虑了综合所得税制实施的困难，而采取了适当折中的做法。从改革方向来看，这只是要求将部分种类的所得合并在一起，用统一的方法课税。中国的个税改革只能采取分步走的做法。最初可以考虑合并工资薪金所得和劳务报酬所得，让劳动所得有同样公平的税收待遇。这一步相对好操作，但应同时建立专项扣除制度。应纳税所得额的确定不仅要考虑基本生活费用，还要考虑一些对生活费用有直接影响的大笔支出，如赡养老人抚养儿女支出、住房按揭贷款利息支出、大笔教育支出、大笔医疗费支出等。

综合与分类相结合的所得税制确立之后，扣除包括标准扣除和专项扣除，前者对应的是基本生活费用，后者对应的是专门的必要生活费用。二者加总才能更充分地体现个人收入取得的成本费用，才能保证所得课税不损害劳动力的再生产，才能保证个人收入获取的可持续性。为了便于纳税人简易申报，即只允许选择标准扣除，那么标准扣除的水平也应再进一步提高。

综合所得税制暂不适合中国国情。现在常常听到的说法是越南能够实行综合所得税制，我们没理由不能。确实，越南1991年引进个人所得税制时就实行了分类与综合相结合，2009年就开始实行综合所得税制，起点确实比我们高。但是，问题的关键不在于选择什么，而是要看选择之后的绩效。越南逃避个税同样是个严重的问题，税收征管一直是个难题。实行综合所得税制就能解决问题吗？不见得。如果再考虑到2008年越南个人所得税收入占税收总收入仅2.7%的现实，我们就会发现，该国的个税再怎么“折腾”，其影响面也是很小的。现实中，越南就曾因金融危机推迟个税征收。由此看来，越南综合所得税制改革对中国个税综合制改革的参考意义从现在看至少并不是特别大。

还有一种说法是，一些国家在个人所得税实施之初就选择了综合所得税制，当时的税收征管条件远不如今，现在的中国有什么理由不实行综合所得税制呢？事实上，过去人们的收入来源较为单一，来自劳动所得之外的收入较少；本地收入来源所占比重较高，不像现在，随着经济开放度和全球化程度的提高，个人的异地收入多，而且不仅仅是境内的，海外的也不少。况且，金融市场的种种创新所带来的各种所得，岂是早期的综合所得税制简单套用就能处理好的？当下非劳动所得逃避税收问题的严重性，更是从侧面证明了综合征税的困难。

大幅度降低个税税率

大幅度降低个人所得税税率，在分类所得税制下，主要针对的是工资薪金所得税率。未来综合与分类改革启动之后，重点可放在劳动所得税率上。要迈向发达国家，必须跨越“中等收入陷阱”。中国社会的繁荣稳定离不开中等收入群体。他们是未来中国社会稳定的主力军。为此，需要从多方面呵护中等收入群体，要采取有效措施，努力扩大中等收入群体。

累进税制下，高收入者多纳税，有利于社会公平，但最高边际税率还有下调的必要。从构建税收的国际竞争力来看，从增强高层次人才的吸引力、构筑国家人才发展战略的角度来看，调低最高边际税率都是必要的。工资薪金所得45%的最高边际税率是1980年就确定下来的。延续了30余年的最高边际税率亟待改变。虽然近年来少数国家最高边际税率有所提高，但从美国1986年以减税为主旋律的税制改革以来，世界范围内个人所得税最高边际税率已大幅度下调，调低最高边际税率是大势所趋。

从现实来看，其他金砖国家的最高边际税率是：巴西为27.5%；俄罗斯为13%；印度为30%；最高的南非长期保持在40%的水平上，2016年调高到41%，2017年更调至45%。与中国大陆地区有较强竞争关系的周边国家的个人所得税的最高边际税率是：越南为35%；菲律宾为32%；马来西亚为28%；新加坡为22%；印度尼西亚为30%；韩国为38%；新西兰为33%；日本为55.95%；澳大利亚为45%。中国的香港地区为15%、澳门地区为12%、台湾地区为45%。一些主要发达国家个人所得税的最高边际税率是：美国为39.6%（按：美国税制改革后为37%）；德国为47.5%；英国为45%；法国为50.2%；加拿大为33%。[①]

① 资料来源：https://www.tradingeconomics.com。

上述国家和地区个人所得税最高边际税率比中国高的寥寥无几，且税率较高国家也是发达国家。绝大多数国家和地区个人所得税的最高边际税率低于中国。维持高边际税率不利于中国未来的发展。未来的竞争是人才的竞争。从国际人才流动的状况来看，正是高收入者更容易流动。高税率不见得能够保证相应的税收收入，结果是引发更多的国际逃避税，导致更多的潜在税源流失。高税率导致易于流动的高收入者无法纳入调节范围，结果是收入再分配目标反而不容易得到实现。

作为一个发展中国家，中国个人所得税的最高边际税率应该大幅度下调，以提高财税国际竞争力。从国际税收竞争大环境来看，中国的个税应该更具有竞争力。目前工资薪金所得所对应的最高边际税率45%亟待进一步下调。综合与分类改革方案的选择需要考虑降低相应的税负。目前这样的税率以及所适用的收入水平不利于中国吸引国际高端人才。月应纳税所得额8万元以上就要适用45%的税率。粗算下，如果一个人每个月收入一样，那么这意味着年应纳税所得额不到100万元人民币就要适用45%的税率。国际高端人才，无论是IT，还是金融业，所取得的工资薪金远远超过此数。由于分类所得税制下，他们所能享受到的扣除额极为有限，与税率差不多但有相对较多扣除额的国家相比，他们实际所要承担的税负就要重得多。为此，需要将最高税率适用的月应纳税所得额从8万元调高到20万元，同时大幅度降低最高边际税率。

总之，工资薪金所得适用税率需要作大幅度调整，应明确地将个税改革定位为减税改革。建议实行六级超额累进税率，将相应的税率调整为：月应纳税所得额在5 000元以下，适用5%的税率；5000～2万元，适用10%的税率；2万～5万元，适用20%的税率；5万～10万元，适用25%的税率；10万～20万元，适用30%的税率；20万元以上，适用35%的税率。随着综合与分类相结合的所得税制的实施，个人所得税应按年计征。个税最高税率还应与企业所得税税负协调，以尽可能堵住逃避税的漏洞。最高税率及税率体系的确定，应考虑国际税收竞争因素，并立足于国情。各税率所对应的应纳税所得额，也应建立起动态调整机制。

个税改革需要考虑家庭负担，但不是以家庭为单位进行征收

个人所得税以家庭为单位征收问题又引起社会的关注。家庭作为基本生活单位，个税以家庭为单位课征，可以更好地适应每个家庭的具体情况。同样一个人，一人吃饱全家不饿，另一人上有老下有小，还有各种各样的家庭负担。对这样的两个人按照同样的方法课税，后者可能明显感受到较重的税收负担。按家庭课征个税之后有望解决后者家庭负担较重的问题。美好愿望的实现是有条件的。按家庭课征个税同样如此。税务征管部门能够获取充分的家庭信息是按家庭课税的前提条件之一。就目前而言，税务部门尚未能做到这一点。税务部门与公安部门、民政部门的联网有助于这一信息条件的完善。但是，这需要一个过程。

仅仅部门之间的联网还是不够的，税务部门要有能力对家庭信息进行准确有效的处理。就这一点来看，当下的税务部门实际上并不具备这方面的能力。现有的税务机构主要是适应间接税征管而设置的，还不太习惯和个人直接打交道。现实中的个税主要还是依靠企业和机关事业单位的代扣代缴而征收的。2007 年开始的年所得 12 万元以上个人的所得税自行纳税申报，增加了税务机构和个人打交道的经验，但这还不够。个税自行纳税申报所处理的信息还较为简单，还很少退税事务。退税事务需要对退税条件进行认定，需要税务部门较多的资源投入，需要较多的税务人员参与个税征管。个税征管制度的设计不能不进行成本效益分析。个税收入占全国税收总收入的比重未来还有望进一步增加，但现在增加更多的投入能否换来更多的个税收入，还是一个很大的问题。

有问题不等于税务部门就不能有所作为。建立综合与分类相结合的个人所得税制是改革的方向，且在加快之中。税务部门内设机构的适当调整已势在必行，在个税征管上的资源投入也必然逐步增加。但是，任

何改革都是有步骤的，都需要区分轻重缓急。目前，“营改增”全面试点正处于关键时刻。增值税收入超过全国税收收入的40%，增值税征管关系到税收收入的充分性，关系到国家设定的减税目标能否实现，这无疑需要税务部门投入更多的资源。眼下“营改增”更多关注税负问题，显然这是必要的，但是，增值税改革的本意是要建立起现代增值税制度。相比之下，试点方案中多个税率和多个征收率的规定，与现代增值税制度的要求还有不小的差距。这些需要税务部门的不懈努力，不断完善增值税制度，并加快增值税立法进程。无疑，税务部门首先应该在增值税改革上投入更多的资源，以尽早建成适应社会主义市场经济体制需要的现代增值税制度。相比之下，个税改革应该适当延后，或先在易改领域多下功夫，而不是一开始就挑战高难度。

综合与分类相结合的个税改革需要对部分种类的个人所得先行综合。工资薪金所得和劳务报酬所得同属于劳动所得，按照统一的方法课税已基本具备条件，可以先行。稿酬所得在改革初期仍应独立征收，原因在于稿酬所得实行14%的优惠税率，税负水平总体上低于工资薪金所得和劳务报酬所得。工资薪金所得实行3%～45%的七级超额累进税率，劳务报酬所得实际上实行的是20%、30%和40%的三级超额累进税率。部分个人收入较低，但要适用劳务报酬所得20%的税率，显然不公平。如果这些人可以按照工资薪金所得进行课税，那么个税就会更加公平。稿酬所得当年之所以在20%税率的基础之上减征30%，就是考虑到作家创作的辛苦，许多作品是多年心血的结晶，按次适用20%甚至40%的税率，是不公平的。分类所得的综合过程还需要其他配套条件。

中国以家庭为单位进行课税虽然不具备条件，但是以特定的个人为中心，考虑个人的家庭负担进行税收抵扣是可以做到的。养老支出、抚养小孩支出、大笔教育支出、大笔医疗费用支出、住房按揭利息支出等等，只能通过特定的个人抵扣一次，是容易做到的。只有符合某些特殊条件，如一人收入不足以抵扣，才可以考虑其他相关负担个人的收入抵扣。这种规定比起以家庭为单位进行抵扣，易于操作，应该是下一步个税综合制改革的努力方向。事实上，一些发达国家原先按家庭课税，现在已经改为按个人征税，背后的原因值得我们深思。按家庭征收个税也不见得就应该是中国个税改革的方向。只要个人和家庭的基本生活成本费用能够得到扣除，个税是对个人收入扣除成本费用之后的余额进行征收的，那么个税是不是对家庭征收，本来就不应该是一个重要的问题。问题的焦点应该是成本费用扣除标准是否合适，即综合与分类所得税改革之后，各种标准扣除和专项扣除是否与实际成本费用基本相符。这个问题并不好解决。个税改革的目标是要让个税更加公平，但是个税在税收总收入中的比例上升是必然趋势，个税的财政目标和公平目标的权衡取舍，更应该通过法律程序来解决。只有在法律的框架内，符合国情的现代个人所得税制度才能真正建立起来。

高收入者税负就一定要重吗？

高收入者何处寻？

近来，年所得 12 万元的个人应如何缴纳个税触动了众多人的神经。更有甚者，将年所得 12 万元视为高收入的标准。对于大城市中无房者来说，12 万元的年所得无论如何都谈不上是生活宽裕的高收入者。根据马克思主义政治经济学，工资至少应能保证劳动力的简单再生产，即满足个人和家庭简单再生产的需要。这样，衣食住行费用在课税前就必须充分考虑。单看居住费用，不说买房，仅租房支出，就可能耗尽年所得 12 万元者的大半。剩下不多的所得也就是满足一般的日常消费支出需要而已。家里如有老人孩子负担，则过紧巴巴的日子是大概率事件。

有人说，年所得 12 万元在全国已属很高的水平，并有数据为证。的确，这样的收入水平的个人不说凤毛麟角，也确实可以算少数。但是，这样的收入水平在大城市能够做什么，已很清楚。12 万元都被“高收入化”，只不过说明中国人的整体收入水平还很低。矮子中挑将军，以年所得12万元作为所谓“高收入”的标准而课以重税，肯定会误伤正在成长的中等收入阶层（中产阶级），这无论是对中国未来的进一步繁荣，还是社会稳定都是不利的。

高收入者应该重税吗?

毫无疑问，高收入者应该多缴税。一般说来，高收入者能力相对强，税负的承受能力强于中低收入者。现实中的个人所得税制就是这么设计的。工资薪金所得、个体工商户生产经营所得和对企事业单位的承包经营所得、劳务报酬所得都适用累进程度不等的税制。其他种类所得虽然适用20%的比例税率，但收入越高、缴税越多也都做到了。

有人主张对高收入者课以重税，即实施累进程度较高的个人所得税制。工资薪金所得目前适用七级超额累进税率，最高税率达45%，月应纳税所得额达8万元的个人就要适用。这样的累进程度已不低。年应纳税所得额不到20万美元，就要适用45%的税率，这极其不利于中国吸引国际高端人才。高端人才是国家创新驱动发展战略所需。高税率可能让这些人中的相当一部分裹足不前。在国际税收竞争背景下，它已经导致部分税源转移到其他国家或地区。这样，本来政府可以用于改善收入分配的资金来源就失去了一部分。

在20世纪80年代中期之前，国际上也曾流行较高的所得税税率。美国所得税最高税率曾达到94%。里根总统曾回忆当年好莱坞演员拍了一部电影之后就不想拍第二部电影的情形，原因就是税负太重，拍第二部电影的个人税后所得所剩无几。美国1986年税制改革之后，所得税税率大幅度下调，带动了其他国家和地区的所得税税率的下调。结果是，高税率不再是主流。考虑到世界，特别是周边国家和地区的所得税税率情况，中国的个人所得税工资薪金所得所适用的最高税率不仅不应继续上调，而且应该降低。同时考虑到个人所得税和企业所得税的协调，将个人所得税工资薪金所得最高税率确定为25%较为理想，但考虑到国际税收竞争和国情，目前宜定为35%。

总是有人说，年所得在12万元以上就属于中国的高收入阶层。如果仅仅从统计上的收入分布来看，这种看法是可以成立的。但是，这些人的所谓高收入，对应的只是发展中国家的高收入。而这样的高收入，对于未来的中国来说，大多数还只是亟待培育的中等收入群体（中产阶级）。对较低水平的所谓高收入群体课以重税，很可能得不偿失。不仅他们应该得到减税，而且其他中低收入者也应该有更多的减税。当然，对于中低收入者来说，社会保障和公共服务的提供是改善他们收入分配状况更加有效的措施。个税功能定位在目前还不适合压低那些还只是中产阶级的所谓“高收入群体”的收入水平。

改革开放40年来，将一部分人收入水平偏低的原因归结为另一部分人收入水平较高的观点一直存在。现实可能恰恰相反。高收入者可能给中低收入者带来更多的增加收入的机会。中国社会发展需要的是更多发展机会，让中低收入者有机会成为高收入者。只要社会充满机会，只要收入流动性不存在障碍，个人经过奋斗就可以变富，那么这样的社会就是有前途的社会。当前，中国需要的是公共服务的改善和社会保障的普及，给更多人提供更多机会，而不是对非高收入者实施所谓“劫‘富’济贫”的梁山好汉做法。个税改革应该让更多的人成为中等收入群体的一员，从而促进橄榄型社会的形成，让中国社会更加稳定。

工薪阶层个税税负为什么感觉重?

工薪所得所对应的个人所得税收入在11类所得中占比最高，根据《中国税务年鉴2016》，2015年工资薪金所得所对应的个人所得税收入为56 212 652万元，占当年个人所得税总收入86 172 598万元的65%，但这不应将此理解为低收入的工薪阶层纳税最多。工薪所得是取得工薪收入的个人所缴纳，但相当多的部分是收入水平较高的个人所缴纳，如公司高层管理人员等。不了解这个信息，就容易产生工薪阶层税负重的错觉。税收信息的尽可能公开透明，也会消除这种中低收入者税负重的错觉。

工薪阶层的税负，包括其中的中低收入者，负担的不仅仅是个税，而且还有增值税和消费税等。在增值税和消费税的综合税负水平不低的条件下，中低收入者个人对所得税的税负感觉就会更加明显。这样，要让中低收入者的税负痛感减少，不仅要对他们实行更加人性化的个税优惠政策，而且还要在降低增值税和消费税上下功夫。

税负轻重的感觉还与公共服务的提供有关。公共服务水平不够高，优质公共服务覆盖面不足，也容易让纳税人感到税负重。为此，应加快公共服务型政府的建设，用好每一分税，以更优的公共服务来回报纳税人，尽可能减轻个人的税负重的感觉。

税收征管与个税

税收征管与个人所得税制改革的理想目标

综合与分类相结合改革之后的个税能在收入再分配中发挥更重要的作用，但是，这个理想的实现一方面取决于个税收入在税收总收入中的地位，另一方面又取决于个税的征管水平。2016 年，个税收入占税收总收入的比例尚不到 8%，这样低比例的个税是难以全面承担起收入再分配的职责的。个税调节收入再分配理想的实现必须基于扎实的征管基础。赡养老人支出需要有适当的扣除。扣除标准肯定会有很多争议。“实报实销”是理想的方案，但显然做不到。不同地区生活水平不一，根据不同地区确定不同的扣除标准可能更符合实际。无论怎么做，都需要说明个人的确负有赡养老人的义务且确实有对应的支出。如果没有合适的信息基础条件，那么人们也许会发现，这甚至可能会引出一个“如何证明你爸是你爸以及你妈是你妈”的荒诞后话；也许这么做还需要证明，负有赡养老人义务的除了你之外，是否还有你的兄弟姐妹。现有的人口管理基础信息如能方便提供信息，那么税务部门的工作量就会小很多。其他各种信息也有类似问题。如果税务部门既要收集相关信息，还要处理信息，甄别信息的完整性和准确性，那么巨大的工作量就可以让寄托在个税改革身上的美好愿望在短期内难以实现。当然，“骨感”的现实不能阻挡向理想迈进的步伐。用专业的智慧而不是凭直觉行事，可以减少不必要的改革波折。

单一税制虽好，但无助于公平课税，不适合作为大国的中国

理想税制是最终目标，适宜税制是现实选择。且不说理想税制本身存在争议。从促进公平的角度来说，综合所得税制是一个较好的选择。但就是在实行综合所得税制的美国，20 世纪 90 年代，曾经对个人所得税的存废进行了大讨论。考虑了太多公平因素的个人所得税制一定是极其复杂的税制。最后，反映了各种各样个性化需求的综合所得税制把纳税人自己搞糊涂了，于是想用支出税（直接消费税）来取而代之。彻底改变征税方法，不看赚多少钱，而看花多少钱。多花钱多纳税，看上去挺符合税收公平原则的。只有多赚钱，才有可能多花钱。一张明信片就能够报税的想法似乎可以得到落实。可是，谁又能解决过去赚了钱并已纳了个人所得税的重复课税问题呢？简单地对老人进行减免显然是行不通的。所有的人都会想方设法把自己的消费算在老人身上。再加上其他各种各样的原因，个人所得税制并没有得到根本性的改变。

目前，俄罗斯、新加坡、中国香港地区、爱尔兰等 20 多个国家和地区施行了单一税制度（flat tax）。单一税制的优势非常明显。单一税征收方便，征管成本少；低税率的单一税制，可以提高纳税人的税收遵从度；单一税制下，更多人的收入会被纳入课税范围，有助于税基的扩大。俄罗斯是实行单一税制比较成功的国家，实行单一税制后，税率虽然下调

了，但是个人所得税收入不降反升。正因如此，俄罗斯的单一税制在前些年就为国内财税界所关注。不少人建议中国引进单一税制。但是，单一税制不应该是个税改革的选择项。选择单一税制的多为小国（地区）。俄罗斯是特例。俄罗斯选择单一税制有特定时期税收征管乱象的因素。即使如此，俄罗斯也不见得会永远地实施单一税制。如果未来要进一步加强个税在收入分配中的作用，那么，单一税制仍有向累进税制转变的必要。从国际上来看，发达国家几乎都没有实行单一税制，就是因为累进税制在促进公平上的作用远胜于单一税制。

中国税收征管状况在改善，个税之于公平的作用在逐步增加。如果实行单一税制，那么本来就非常有限的促进公平作用就要大打折扣。因此，中国没有理由实行单一税制。

个人所得税改革具体如何操作，争议很大。讨论问题，是为了让个税改革方案选择更加务实，让个税承担起其所能承担的职责。个税能做什么？直觉与可能的偏差，理想与现实的差距，将整个社会的公平目标全部寄托在个税身上，个税只会不堪重负。认清中国税收征管现实，不为似是而非的舆论所误导，专业设计个税制度，才是探寻现代化的个税制度的必由之路。

个税改革宜分步走

个税收入占全国税收总收入的比重上升，与十八届三中全会所要求的逐步提高直接税收入比重是一致的。个税税源仍有进一步发掘之处。在一个现金交易比较普遍的社会中，个税收入要做到应收尽收几无可能，但是潜在的转化为税收收入的税源不会消失。在许多发达国家，个人所得税是最重要的一个税种。中国最近40年经济快速增长是未来个税收入进一步增长的基础。当然，个税增长不会自然而然实现，这需要相应的配套措施。

个人所得税是税务部门与个人直接打交道的一个税种。个税收入的相当部分还是靠代扣代缴来筹集的。实施综合与分类改革之后，代扣代缴仍将是最主要的个税收入筹集方式，但是，个税征管并不会到此结束。相当部分的个人在年度结束之后需要自行纳税申报，就慈善捐赠等符合税收优惠条件的行为以及其他各种专项扣除提出退税，就未充分纳税部分补缴个税。税务部门需要处理这些申报信息，并给出相应的处理意见。税务机构设置和人员配备基本上是按照对企业以及各种机构征税的要求进行的。这些年来，特别是1994年分税制改革之后，地方税务局在个税征管上的积极探索，积累了较为丰富的经验。税务部门内部的一些征税基础工作如全员全额申报制度已经实施，税务部门和其他部门的一些协调机制也初步形成，个税征管已有较好的基础。但是，个税征管需要做的事情还有许多。特别是，较为普遍的现金交易在很大程度上影响了税收征管效率。进一步提高个税征管水平，就必须限制现金交易的范围，达到一定金额的交易必须通过银行转账、信用卡支付或其他能够留下交易痕迹的支付方式进行。近年来，支付宝、微信支付以及其他多种电子支付手段的兴起，已经改变了许多人的支付习惯，同时也为个税征管打下了较为扎实的基础。但是，新的支付方式并不是所有人都在使用。使用者容易留下交易信息，继续采取现金交易者却什么也没有留下。加强个税征管对后者就会基本失效。因此，一定金额以上的交易不能通过现金交易进行，应该成为强制性的规定。这意味着一部分人的支付习惯必须改变，意味着必须有相关部门特别是金融部门的配合才能让强制性的支付规定得到落实。完善反洗钱制度是做好个税征管工作所需，是保证同样收入水平的个人缴纳同样水平的个税所不可或缺的。

综合与分类相结合的个税征管在专项扣除时往往还需要家庭信息，这就需要公安部门和民政部门的支持。建立常规的信息对接机制，才可能做好个税申报信息的处理工作。这都是分类所得税制下个税征管所未有的事。个税综合制改革难度不小，绝不能掉以轻心。个税改革不仅仅是具体的税制设计问题，前述的其他部门协调合作以及税收征管制度的配套改革也不容易。综合与分类改革可以在给出总体改革方案之后，采取分步走的做法。合理的选择是先实行工资薪金所得和劳务报酬所得的“小综合”。综合与分类相结合改革启动之后，个税除了标准扣除之外，还会有专项扣除。税务部门要核对专项扣除的申报是否合理，需要处理很多相关信息，这也可以考虑分步走的方案。住房按揭利息支出、老人赡养费用、孩子抚养费用、大笔医疗费用、大笔教育费用支出的扣除等可逐步实施，以最大限度减少税收征管所可能带来的挑战。在专项扣除制度改革分步推行的条件下，当前每月 3500 元的标准扣除应先行适当提高。

个人所得税的轻重是否与幸福有关？在这样一个一年有 6 个月昼短夜长的国度，丹麦人的幸福指数维持位居榜首。丹麦哥本哈根幸福研究所是专门研究幸福的智库。它的研究结果表明：“幸福感与收入之间的关系并无太多关联。当然，如果你连饭都吃不上，那肯定和幸福不沾边，但是如果你并非挣扎在贫困线上或者入不敷出，每月额外增加 100 欧元，也并不足以让幸福的指针随之转动。”① 倘若它的研究结论能够成立，那么处于不同经济发展阶段的不同国家，完全可以选择不同的所得税制度；对于经济社会发展还是处于较低水平的国家来说，轻税仍然是必要的。

① 迈克·维金：《丹麦人为什么幸福》，林娟译，北京：中信出版社，2017 年，178 页。

七、房地产税如何轻？

最轻的房地产税当然是无房地产税！但是，现代国家多数都开征这种税，地方政府融资几乎离不开它。个人住房房地产税是个人（家庭）税负感受最直接的税种。与个人所得税相比，房地产税一般缺乏现金流收入支撑，征管难度很大。设计房地产税制，应该尽可能以轻税为目标，同时将房地产税收入与地方公共服务直接挂钩，让纳税人真真切切感受到税收遵从的好处，增加纳税人的获得感。

引例1　中国的个人房地产税改革

1949年以来，中国逐步推行了城市房地产税、房产税、城镇土地使用税等多种与地产、房产相关的税种，但存在税种过多、缺乏协调、实际征税面窄等问题。2003年，十六届三中全会提出开征物业税（即房产税）的设想。根据当时的说法，开征房产税，要“相应取消有关税费”。2009年1月1日，适用于外资的城市房地产税与内资的房产税统一为房产税。2011年1月28日，重庆和上海两市开始对个人住房房产税进行试点。2017年1月14日，重庆房产税征收范围进一步扩大。新的规定是：在重庆市同时无户籍、无企业、无工作的个人（“三无”人员）新购的首套及以上的普通住房需要缴纳税率为0.5%的房产税。而在这之前的规定是，对“三无”人员新购的第二套及以上的普通住房才需要缴纳房产税。从二到一的变化，意味着2011年1月28日开始的重庆个人住房房产税改革试点又迈出了关键的一步。那么，房地产税真的就要来了吗？

引例2　加州第13号提案

1978年美国加利福尼亚州公民投票中作为第13号提案（正式名称是“People’s Initiative to Limit Property Taxation”）的中心内容是限制财产税的增加，共获得64%的赞成票。许多财产所有者发现，财产价值随着房地产价格而迅速上升，财产税应付税额也在不断增长。这些人是“有住房的穷人”，有相当可观的财富，但没有足够的收入（现金流）来支付对他们住房的课税。财产课税迫使他们搬出。这特别不公平，对老人来说更是如此。第13号提案规定房屋只有在出售时才评估增值。对财产的从价税不能超过此类财产全部现金价值的1%。财产评估价上涨一年不能超过2%。

俄罗斯作家列夫·托尔斯泰曾经写过一篇短文《一个人需要多少土地》。大意是：有人买到了一天1000卢布的土地，土地面积的多少取决于日落之前他能跑多远并回到原处，他跑过的土地都是他的。于是，他持续地跑，夕阳西下，最后他回到了起点，这些地属于他的了，但是他也累死了。这人要那么多空间做什么？他最后真正需要的土地只是从头到脚六英尺那么一小块。现实世界中，有人拥有了那么多房子，五六套都不够，上百套也不甘心。可是，又有谁能够拥有这些住房150年呢？你要那么多房子做什么？观念的改变比其他公共政策的调节更加重要。

房地产税是社会关注度最高的一个税种。个人住房房地产税，是躲不过去的一种税。但是，房地产税制的设计可以更加切合经济社会转型期的实际，不让房地产税改革带来国家治理的风险。中国征收房地产税的理由只能是为地方公共服务融资，但是房地产所承载的税负以及人民的可支付能力也必须充分考虑。不要让房地产税承担它所不能承担的重任。房地产税的恰当设计很重要，别让政府办实事变成了办坏事。

个人住房房地产税：躲不过去的一种税

十八届三中全会通过的《中共中央关于全面深化改革若干重大问题的决定》要求“加快房地产税立法，并适时推进改革”。这一提法与现代市场经济国家的税收法定的要求是一致的。房地产税开征可能遇到的各种问题可望在立法中得到充分的反映并得以解决，这样推出的房地产税的社会影响才可能是正面的。个人住房房地产税已经是一种躲不过去的税。眼下需要做的是，如何让个人住房房地产税更加合理，让个人和家庭的负担不至于太重，让房地产税只是作为一种轻税存在，并扮演好它应该扮演的角色。

房地产税话题不时就会引起社会关注。有人担心自己的财产贬值，有人担心居住成本攀升，有人担心房地产税开征之后的政府公信力问题……有人则希望借助房地产税的开征完成一系列任务，如形成地方主体税种，调节房价，调节贫富差距，推进税制改革，加快地方治理现代化进程等。无论是什么样定位的房地产税，至少不应该是一种重税。房地产税从设计理念上就应该确立“轻税”目标，并注意实施过程中可能遇到的风险。设计不好的房地产税，后患无穷，不仅不利于房地产税的开征，而且可能带来严重的国家治理危机。房地产税关系千家万户，开征房地产税的风险不能不加以深入评估。

房地产税的开征难度很大。有人认为，中国房地产税开征需要速战速决，十年前开征这个税就好了。十年前当社会公众对房地产税不甚了了时，方案确实可能好通过，但这样通过的方案会是一个好的方案吗？房地产税开征中所可能遇到的问题能够得到解决吗？鉴于问题的复杂性，晚点开征有晚点的好处，可以让问题讨论更加充分，一旦实施就可能很容易成功。

万众瞩目的房地产税：只能以评估价为基础普遍征收

对房地产税争议很大。任何讨论必须有共同的基础。可是，眼下对于房地产税究竟是什么，参与讨论者的认识往往有着极大的分歧。不一样的“房地产税”开征难度自然不同，且差异极大。重庆试点的个人住房房产税是一种类型，上海试点的是一种类型，对商业地产征收的房产税则是另一种类型。可是，这些都不应该是改革目标所期待的房地产税。

所有税种，不管后面有什么含义，都改变不了它为政府提供收入的初衷。税收的财政原则是其他目标实现的基础。如果税收不是为了筹集财政收入，那么它的存在就没有意义。房地产税也是如此。房地产税的开征是在完善地方主体税体系的背景中提出来的，房地产税应该成为地方税收入的重要组成部分。这样的房地产税必须有充分的税源。只有对全部房地产普遍开征的房地产税，才可能实现这个目标。重庆和上海那样的个人住房房产税，税基本来就小，不太可能扮演这种角色，也不应该是中国房地产税改革的目标。

房地产税的开征不能带来新的不公平。有人认为以房地产的历史成本为基础计算房地产税更简单易行。确实如此，但这会带来更多的不公平。况且，房地产税开征的难点不在技术上。评估技术很容易学到。以房地产评估价为基础征收房地产税可以最大限度地减少这种不公平。为征税所进行的房地产价值评估不同于纯粹的市场层面上的资产评估。不管是什么性质的住房，只要在同一区域，所享受到的地方公共服务应该是相似的。因此，为征收房地产税所进行的评估可以不用考虑住房的不同产权属性，而只要强调不同房地产的住户所对应的地方公共服务的差异性即可。

与改革目标所匹配的房地产税只能是这样的以房地产评估价为基础普遍课征的一种税。标准意义上的房地产税只能是对所有住房以评估价为基础进行课税。在这里，无论什么性质的住房，都没有例外。正是因为这样，房地产税的开征是相当困难的。“加快房地产税立法”可以让房地产税开征中的争议尽量通过立法中的讨论予以化解。这样的要求适应房地产税推行复杂的局面，是合理的。

免征一套或两套住房的理由站不住脚。不同住房免征会因为住房价值差异太大而带来严重的不公平；免征可能导致房地产税税源严重不足，特别是某些公共服务好的房价高的地方，税源不足问题会表现得更加突出。

关于个人住房房产税，总是有一种“想要就可以有”的逻辑，似乎个人住房房产税的开征与否及开征时机纯粹是由政府决定的这种税收理念，与法治社会的要求格格不入。税收不仅要公平，还要说清为什么收。把个人住房房产税说成是一种调节收入分配的税种，这恐怕又是一个误会。收入分配的功能主要属于中央政府，房产税是地方税，难道地方政府有了调节收入分配的职责不成？

中国开征房地产税的依据不是国际惯例

中国的改革大业是在开放中进行的。参考国际惯例，中国可以少走弯路，但国际惯例也不应该照单全收。国情仍然是问题的最主要方面。立足国情，寻找到房地产税在中国存在的逻辑，才是最应该解决的问题。

国际惯例在中国房地产税开征面前显得苍白无力。中国城镇土地国家所有，这是诸多开征房地产税国家所不同的。有人或许要问，土地国有制说的是产权问题，房地产税涉及政权，桥归桥路归路，不可同日而语。可是，事实上，不管是税收收入，还是国有土地收入，进入的都是政府口袋，而且国有土地收入，有相当部分用于地方基础设施和公共服务，与房地产税的用途有很多类似。二者怎么能够分开考虑呢?

有人会以中国香港地区为例，说明土地公有仍然可以开征房地产税。可是，主张这个理由的人不要忽视一个事实，香港地区可是没有像我们这样的增值税和消费税啊，而且，增值税收入占全国税收收入的40%以上。一个社会所能承载的宏观税负是有限的，不能这也征税，那也征税。

海外许多国家和地区征收个人住房房地产税，但这不是中国也应该有此种税收的理由。别人有，怎么会是我们也应该有的理由？那么很多其他国家和地区所没有的政府收入形式，如形式多样的政府性基金，中国都有了，为什么中国就一定要拥有比别人更多的政府收入来源形式?香港地区经常被当作参照系。香港地区不仅有土地批租制度，还有个人住房房地产税性质的税收。土地批租学香港，结果是地价推高房价，房价高高在上。个人住房房地产税如果再学香港，居者将不堪重负。理由是，香港地价高，房价高，还有房地产税，但香港地区的税负水平较轻。大陆地区在生产交易环节有大量香港所没有的税收。这直接导致国民税负感觉较重。各界常争论中国税负重不重的问题。的确，就狭义的税收负担本身来说，中国在世界上无论如何都不能说是最重的。但是，国民对政府的负担不仅仅是税收。税负重的国家并不一定就有沉重的房地产负担。在这样的背景下，片面地学海外个人住房房地产税制度是不够的。要学，就应该系统地学，否则，只取制度片段，必然徒增国民负担。

许多国家的地方政府收入中有个人住房房地产税，但这并不等于中国也必须这么做。的确，房地产税是许多国家的地方税，但这不等于地方政府取得收入主要靠房地产税。不少国家的地方政府提供公共服务在相当大的程度上还要依靠上级政府甚至中央政府的转移支付。既然政府收了如此多的间接税，那么，问题的关键是重新划分不同级别政府的财政收入。近年，财政部、国家税务局、中国人民银行发布了调整铁路运输企业营业税收入归属的通知。根据该通知，从 2012 年 1 月 1 日起，铁道部集中缴纳的铁路运输企业营业税（不含铁路建设基金营业税）、城市维护建设税、教育费附加由中央收入调整为地方收入；铁道部集中缴纳的铁路运输企业所得税（含中铁快运股份有限公司缴纳的企业所得税）由中央与地方按照 60：40 的比例实行分享。铁路建设在地方，赚钱也在地方，没有理由不让地方分享收入。这是解决地方政府收入来源方向正确的一步，虽然还只是一小步。如果地方财政收入一定要靠房地产税，那么前提是减间接税。

许多国家没有国有土地使用权出让金收入，那么中国为什么就要有呢？土地制度使然。既然土地国有，那么国人完全有理由让国有土地为国民做出应有的贡献。有人会建议取消土地使用权出让金，或认为房产税只有在取消土地使用权出让金的基础之上才能推出，这是不妥的。土地使用权出让金解决的是土地资源配置给谁用的问题。如果没有土地使用权出让金，繁华地段的土地，谁不想要？这是国有土地使用权出让金无法取消的理由。但是，如果一定要在这样的土地制度背景下设计个人住房房地产税制度，那么中国个人住房房地产税税收负担应该比大部分实行土地私有制的国家要轻得多。后者税率 1%，前者就应该是 0.5% 或者更低。

所谓的国际惯例对中国也不是没有参考价值。开征房地产税所需要的评估技术以及征管过程中可能遇到的难题，在各国各地的实践中基本上都遇到过。在国际上，对于房地产价值如何评估，同样充满了争议，评估方法争议的背后是利益之争，最终给出的方案是各方妥协的结果，但是丰富多彩的经验可以为中国提供参考。当前中国开征房地产税的难题不在技术上，因为各国各地已有许多做法可供借鉴，无非是选择哪种做法更适合国情的问题，无非是技术引进之后如何消化和吸收的问题。

不要用房地产税来调节房价

房地产税调节房价不是不可能，但这么做很可能会超越社会公众预期

房子一涨价，想买房的人希望房价降一点，完全可以理解。但是，一旦拥有了住房，谁也不希望自己的财富缩水。这就是一种矛盾的心态。矛盾化解的最佳做法是维持房价的稳定。在房价快速上涨时，房地产税不仅无法让房价下跌，而且房价可能会以更快的速度上涨。这样的市场通常是卖方市场，卖方有很强的动力转嫁税负。卖方市场下，卖方转嫁税负的意图容易实现。

近年来，房地产市场又筑起了“堰塞湖”，特别是一线城市和二线城市房价高企。如果收入与房价之比长期背离，房价泡沫终有破灭之日。最平稳的办法就是让房价从此稳定或涨幅远远低于其他商品价格，也远远低于收入增幅，这样，一段时期过后，收入和房价的比例就会保持合理。但是，一线城市此次凶猛的房价上涨，增加了房地产市场的调控难度，也让房地产市场危机风险全面上升。在这样的背景下，有人希望能用房地产税来调节房地产市场。建议者的良好初衷不容置疑，但是，如果在这样的环境下引进房地产税，那么后果很可能是不堪设想的。如果市场继续火热，那么房地产税只会起到火上浇油的作用，让房价更高。试想，你要买一套住房，嫌一千万元的价格太高，然后你想着，让政府

开征房地产税。最初，你只是想，这样，持有房地产的成本上升了，市场上可供出售的住房就会大幅度增加。但是，结果真的会是这样吗？如果购房者还是很多，那么新增的税只会转嫁出去。房地产税税率不太可能高于3%。假设以最高的3%计算。如果房价一年能涨10%，那么业主持有房地产税的成本就可以完全被涨价所抵消。10%的涨价足以弥补业主持有住房的按揭费用和房地产税成本。这样的房地产税是不太可能促进房价下跌的。

现实中，我们更要提防的是另一个方向。时下的一二线城市的房地产市场火热现象不具有可持续性，风险很大。房价有内在的下调动力。如果房价真得下调，那么新增的房地产税，就可能成为压倒房地产市场的最后一根稻草。不要想着税率很低的房地产税不会对市场产生什么大的影响。那只是在房地产市场的正常运行时期。一旦房地产市场有了风吹草动，新增的房地产税就会作为一个外生因素，对房地产市场造成强烈的冲击。行为经济效应的发生，使得通常情况下的所谓理性计算失效。这样，希冀以房地产税来调节房价，只会缘木求鱼，搞不好还会酿成大祸。

在卖方市场下，房地产税调节不了房价，即让房地产价格因为房地产税的开征就应声而落是做不到的。上海和重庆的个人住房房产税试点的这几年，可以看作例证。有人认为这是征税力度不够所致，这种认识夸大了税收的作用。在社会主义市场经济体制下，税收不是万能的，房地产税的开征同样要与市场经济的内在要求一致。只有在特殊情况下，即房地产市场岌岌可危时，不要说3%，就是0.1%的税率，也可能成为压倒房地产市场的最后一根稻草。在这里心理作用胜过了一切理性分析。无论是什么样的国家，都不会将房地产市场的崩溃作为政策目标的选择项。因此，将调节房价作为房地产税开征的目标是不合适的，很可能会导致不想要的结果出现。再说，如果你嫌一件商品价格高，找来税务局对卖方征收暴利税，那么你有可能再以原来的价格得到那件商品吗？过去的二手房交易税的多次调整，已提供了多个例证。有税的房地产价格不可能比无税的更低。

房地产所能承载的新税负空间太小

住房不是不承受税负。个人在购买住房的环节实际上支付了大量由开发商代付的税费基金（或称广义税负）。现在不少人在说住房持有环节几乎没有税就应该课税，这是不合理的。税负空间是有限的。既然在购买环节已经承担了较重的税负，那么再指望在持有环节仍要支付数额不小的房地产税，显然是不合理的。

中国五个只与房地产联系的税种，即房产税、土地增值税、城镇土地使用税、契税和耕地占用税之和可以为房地产承担的税负提供一个直观的认识。2011—2016 年，五税之和分别为 8 228.45 亿元、10 127.99 亿元、12 246.43 亿元、13 818.69 亿元、16 581.72 亿元和 15 017.73 亿元。这六年，五税之和占全国税收总收入的比重分别为 9.17%、10.07%、11.05%、11.60%、13.27% 和 11.52%。房地产五税之和占全国税收收入的比重与美国房地产税占全国税收收入的比重大致相当。如果认为税负有一定规律的话，那么这当引起我们充分的重视。

实际上，中国营业税（现在改为增值税）和企业所得税收入中的相当部分来自房地产。土地收入同样构成广义宏观税负的一部分。表 7-1 提供了 2011—2016 年国有土地收入数据。从中我们可以看到，土地收入远大于五税之和。来自房地产的广义税负问题绝不能小觑。这还是少算了多种来自房地产的税费基金的结果。

表 7-1　2011—2016 年国有土地收入　　单位：亿元

项目	2011 年	2012 年	2013 年	2014 年	2015 年	2016 年
国有土地使用权出让金收入	31 140.42	26 691.52	39 142.03	40 479.69	30 783.8	35 639.69
国有土地收益基金收入	1 093.53	897.32	1 259.67	1 413.89	1 024.97	1 189.57

数据来源：历年全国财政决算

房地产税负重的结果是房价高企，房地产吞噬实体经济利润，妨碍中国经济的进一步发展。冲破房地产高企价格约束的电商行业得到快速的发展就是一鲜活的例子。可是，又有多少行业可以这样呢？电商行业兴起的同时，无数实体店的关门。收获与代价之间，到底又该如何选择？

房地产税的开征要平稳，就必须做到购买环节已经缴纳的税负可以平移。也就是说，缴纳过的税负应该算数，否则，重复征税问题就会很突出，影响税收的公平目标的实现。

短期内地方政府不要想靠房地产税大幅度提升可支配财力

中国广义宏观税负在世界上大约处于中等偏上的水平。目前，中国经济正处于转型升级的关键时刻，决策层正在致力于降低宏观税负。在这样的背景下，在原有税收体系之外，还要加征房地产税，只会与“降低宏观税负”的目标背道而驰。

需要认真思考的是，在缺少房地产税的条件下，地方政府可支配财力来自何方？土地收入是地方政府最重要的可支配财力来源之一。这个格局至少目前没有变化。营业税收入曾经是地方政府最重要的税收收入。“营改增”全面试点之后，中央和地方对增值税共享比例的调整，在很大程度上也维持了地方政府可支配财力格局。因此，仅仅从获取地方可支配财力来看，房地产税开征没有充分的理由。

技术条件只是个人住房房产税出台的必要条件之一，并非充分条件。地方财政收入不足的问题，也不要只盯在房产税上，至少有两种化解办法摆在我们面前：一是调整中央和地方财权和财力分布格局，中央让渡收入给地方。二是地方政府少做事，一些不必要的事就不要做了。这也可以少花钱，且有助于规范地方政府的行为。

从现实来看，进一步规范中央和地方财政关系，在事权和支出责任更加匹配的前提之下，通过现有的财力资源在不同层级政府之间的优化配置，就可以解决好地方政府可支配财力问题，而不必另外开征新的税种。

增值税和消费税由中央和地方共享是现实的选择。让地方享有更多的收入比例，再加上财政转移支付制度的完善，就可以解决地方可支配财力不足的问题。至于有人担心的地方政府多拿增值税和消费税，会导致市场扭曲问题，则应通过政府职能的优化来解决。只要政府和市场之间的界限清楚，政府做政府该做的事，充分释放市场在资源配置中的活力，那么这一问题是能够得到解决的。

房地产税不需要进一步的试点，因为可能的结果很明确

房地产税如果开征，并不需要在某些地区作进一步的试点。结果不确定的改革需要试点，如果结果确定，那么因此进行试点就没有必要。比如，只对少数住房课税，税收收入肯定很少，那么为了检验税收收入有多少的试点，就不必进行。重庆和上海所进行的个人住房房产税试点，可能的意义只是让征纳双方感受到房地产税与其他税种征管的难度之差异。局部试点只会损害局部地区的利益而不利于地区之间的公平竞争，这样的试点是要不得的。

房地产税的开征涉及面广，改革应该将重心放在房地产税制方案的设计上。所有可能遇到的问题，应该在方案设计中得到充分的考虑。对个人住房征收房地产税，在中国是新鲜事，需要评估各种可能的风险，对不会产生现金流的房地产进行课税尤其困难。

我们不是生活在真空中，理想总是受现实制约的。现实不是要拖理想后腿。不具备条件，霸王硬上弓，后果不堪设想。关系国计民生的房地产税制建设大业，容不得一点闪失。在未来正确的事，至少在目前，还需要保持必要的谨慎，谨慎不等于房地税改革的拖延，谨慎只是为了让改革方案更加务实。那些在局部地区进一步试点房地产税的建议也可以束之高阁。试点只是为没把握的事而为，房地产税开征的效果，实际上已经很清楚，就没必要为试点而试点。

房地产税开征可能带来的国家治理风险

征管不容易到位

房地产税开征的最好结果是顺利开征并全面用于地方公共服务，而且，这个过程应该是公开透明的，能经受得住社会各界的监督。地方公共服务不涉及国家机密，房地产税收入用于何处，完全可以按照国家治理现代化的要求告诉公众。这样做，能够让房地产税的开征得到最大的支持，提高税收的遵从度。而且，这也可以进一步提高政府的公信力。

对个人住房开征房地产税所可能引发的问题，不能不小心谨慎。即使社会同意开征个人住房房地产税，地方政府仍然要三思而后行。个人住房房地产税收入有那么好收吗？人民愿意纳税，政府就一定能做好吗？如果纳税人问政府，钱到哪里去了，那么在政府信息公开程度不够的环境中，地方政府能够给出人民满意的答案吗？转型社会，事情本来就够多，暂时实在没有必要再让个人住房房地产税来添堵。

房地产税开征可能遇到征收不到位的风险。房地产税征收不到位，也会损害政府公信力。这不能简单地视为官民矛盾。征纳关系的不和谐，只是问题的表象，为此，需要深入分析原因。是因为纳税人不愿意交税所致，还是因为交不起税？如果是后者，那么答案就很简单，这样的房地产税本来就不该贸然推出。

房地产税支付能力的大考验

福利分房和房价快速上涨之后，个人收入赶不上房价，房地产税的支付能力不足，这一问题需要充分考虑。

拥有房地产多的人多纳税，但是房地产税不能解决贫富差距问题。

课征房地产税不是要挑起收入分配问题。这是房地产税开征定位需要特别注意的。收入分配问题需要一整套的公共政策体系来解决，社会保障和公共服务的优化可能比税收更值得重视。房地产税征管所面临的挑战极大，潘多拉的盒子一不小心就会被打开。在经济社会的转型期，国家治理的挑战本来就很大。房地产税的征管意味着税务局将更直接地与个人和家庭打交道，税负的痛感将变得更加明显，纳税人对政府所提供的公共服务将有更直接的要求。如果政府相关事务无法妥当处理，那么各种风险就可能从此释放，严重者甚至引发社会危机。

房地产税的开征需要具备什么条件？这是在房地产税开征之前需要解决好的问题。房地产税开征不是要逞匹夫之勇。无谓的冒险不仅没有价值，而且也没有必要。

无论房地产税开征多么有必要，能不能落地与纳税人的支付能力有着密切的关系。房价和收入比不合理，影响的不仅仅是购房能力。不合理的房价和收入比，也会直接影响房地产税的顺利开征。关于房价和收入比的倍数多少是合理，一直存在争议。我们且撇开那些争议，只用现实中的例子来加以分析。北京市西北四环附近的住房，十多年前一平方米的价格大约是五六千元。购房者如果有首付的支付能力，且月收入大约在五六千元的水平上，那么这样的家庭大概能买得起相应面积的住房。而今，同样的住房，已存在了十多年，价格却扶摇直上达到每平方米 10 万元左右。如果是 100 平方米的住房，那么他要重新购置这样的住房，就要支付大约 1000 万元。如果要按照评估价为基础征收房地产税，那么他能付得起吗？

我们不排除有人在这十多年间收入水平急剧上升，但是对于多数人来说，即使收入水平提高了，也远远跟不上住房价格上涨的速度。假定上述住房评估价为 1000 万元，按照 0.5 的系数折算之后为 500 万元，再乘以税率（假设为 1%），那么他一年就要支付 5 万元的房地产税！如果税率进一步下调为 0.5%，他也要支付 2.5 万元的房地产税！可能有人会说，相对于房价，这只是九牛一毛，但是，不要忘了，他每年所支付的物业费可能只有两三千元。现实中，物业费的征收都经常遇到问题，那么，负担更重的房地产税呢？我们不能不小心谨慎。如果个人负担不起房地产税，那么欠税是必然的选择。如果这样的群体足够大，那么房地产税开征的意义又是什么呢？现实中，可能支付不起房地产税的群体还不止这些早期购买商品房的人。

享受福利分房的个人和家庭也有相当部分可能支付不起房地产税。这些人以很低的价格拿到了地段较好的福利房。他们可能以不到10万元的价格得到了现在每平方米10万元以上的一套住房。假定一切仍依前例，那么这些得到福利房的业主有能力支付吗？他们或者可能退休，或者在机关事业单位工作，总之，他们的收入水平肯定远远跟不上房价的上涨速度。那么，即使他们想缴纳房地产税，那么他们又如何缴纳得起呢？未来如果确实出现这种结果，那么这只会影响政府的公信力，并影响国家治理的现代化。

有一种说法是，如果业主现在缴不起房地产税，那么先记账，等到业主去世后再清算。这种建议不能说没有道理，但在房地产税开征之初就这样，那么这样的税能在多大程度上受欢迎，就更是问题。这时，房地产税的开征就演变成一个税收伦理学问题了。

房地产税如果要开征，那么上述群体的问题肯定要考虑。区分存量房和增量房是常见的办法。但是，已拥有住房的业主本来为住房所付出的资金就少，而增量房在房价高企的今天，业主需要付出更多的资金，那么让存量房业主不缴税或在一定时期不缴税，而让增量房业主缴税只会产生新的不公平。更重要的是，房地产税本来就是为地方公共服务融资，在所有的业主都享受到公共服务便利的同时，却要让一部分业主不缴税，这也只会让房地产税开征的理由更不充分。第一套房免税的思路也有类似缺陷。特别是合理的房地产税应该是较小的区域按照统一的标准征收的。如果所有人都有机会免第一套住房的房地产税，那么房地产价格高的地区，反而可能收不到充分的房地产税。

房地产税的恰当设计：别让政府办实事变成了办坏事

政府修地铁，是在为民办实事。当地铁经过你家门口的时候，从此，你可能不用再担心堵车，不用担心上班约会迟到，出行更加方便。即使像北京这样的一个以“挤地铁”著称的城市，某个小区通地铁总是能方便平头百姓的日常生活。通地铁，自然是可喜可贺。给你带来喜悦的还有财富增值。如果你的住房要出售，那么坐地抬价，买方常常也只能默默接受。即使这个住房还是你自己住，你也不准备卖，这种住房升值也还是会带来心理上的愉悦。

人无远虑，必有近忧。自从开始讨论对个人住房开征房地产税之后，通地铁所带来的快乐还能不能维持，就变成一个未知数。一切取决于税制定位与具体方案的设计。如果房地产税定位为调节贫富差距，那么地铁过家门就可能带来“酸的馒头”（悲伤）。特别是对于一些本来就不太需要借助地铁出行的人来说，痛苦更甚。从世界经验来看，还好，房地产税不是这样的税种。但是，心依旧难以放下。如果房地产税选择了重庆上海两市试点的那样具有很强的本地烙印的类型，那么通地铁喜事变悲剧还是可能的。只要住房涨价，房地产税就可能多交，多交的税不敌交通便利程度，通地铁之于住户，就是得不偿失。

能让住房升值的不只是通地铁。时下，周围有好学校，也会让住房增值。我们就来看看学区房的喜与悲。学区房意味着孩子可以上好学校，不会“输在起跑线上”。这样的房产自然比非学区房更值钱。但是，住在学区房，对于没有孩子要上学的家庭，是无法感受到上学福利的。所有人能共同感受到的是学区房更值钱这种快乐。

地铁通常是政府主导修建的，业主一般不直接在工程建设上投钱。好学校可不一定是自己来到小区的。住房周围本来就有好学校是一种情形。可是，时下新开发的小区，不少好学校是开发商花大价钱新引进的。

新引进的好学校才让住房成为学区房。在这种情况下，业主实际上已为好学区的形成付出了代价，因为开发商所支付的必然通过抬高房价转嫁给业主。如果不分青红皂白，只是简单地以房价为基础，按同样税率征收房地产税，那么对于自己花钱引进好学校（为本地教育公共服务付费）的业主来说，为了享受教育公共服务，是在重复纳税。显然，这样的房地产税是严重不公平的。

房地产税即使要开征，还是多吸收一点人类文明的共同经验为好。放眼世界，房地产税是一种为地方政府提供公共服务融资的税种。不管购房时支付多少，只要是同一区域的住房，个人和家庭所享受的公共服务基本相似。为了保证房地产税的公平，以房地产评估价作为税基计税是必然要求。当然，廉租房不应该课税，因为居住的是社会中最需要帮助的家庭。

仅仅按照评估价课税，还不能保证人间悲剧不发生。前述新引进学区房的重复纳税问题需要解决。我们还得探讨下房地产税是一种什么样的税。房地产税不太可能是一种全新的税种。一个群体一种商品所能承载的税负是一定的。有人说中国几乎没有保有环节的房地产税，但这种说法忽略了中国房地产特别是住房税费基金负担不轻的事实。时下，房地产，特别是商品房所对应的税负（包括各种税费基金）已经不低，提高税负的空间已经很小很小。

要从根本上避免改进公共服务却可能加重负担的问题，还需合理界定房地产税“税政管理权”，特别是税率确定权限和房地产税的归属。全国统一税率的结果只会是哪里公共服务好，哪里的税负就会越重。这不利于局部地区改善公共服务。房地产税不能是省一级政府的税，甚至也不能是地市级政府的税种。它可能是县区级的税种。但更合理的选择是按照街道、乡镇或学区来征收，这样，地方公共服务受益范围与房地产税更容易对应。公共服务改善所带来的是区域性房价的普涨，如果所对应的区域性公共服务水平已经很好，进一步支出的必要性就不复存在，那么税基虽然扩大了，但税率可以相应下调。这样，改进公共服务不会带来人间悲剧；地铁过家门，就仍然是好事。

房地产税关系百姓切身利益，但是政府切莫一直盯着房地产税不放！政府所面对的房地产调控的诸多问题也不是房地产税所能解决的。在这样的环境中，我们就更应稳步前进。

随着社会的发展，越来越多的人更愿意凭借自己的才能享受自己精彩的人生，而不是躺在祖辈的财产上过活。创造财富的乐趣不仅让调节贫富差距的房地产税没有必要存在，而且让遗产税实际上也失去意义。更多的富人需要的是如何将自己所拥有的财富回归社会，做自己最有意义的事。当然，这需要时间。但是，信息时代财富观念的传播速度不可低估。

八、信息与“大国轻税”决策

税收决策离不开信息。错误的信息可能误导税收决策。信息不仅包括数据信息，还包括专业理论信息。专业的信息如果得不到有效的传播，也难以发挥其应有的作用。

“大国轻税”必须通过一系列税收决策才能做到。税收决策存在争议，在很大程度上与信息有关。税收理论信息与税收收入信息对税收决策有直接的影响。本章以“营改增”、个人所得税和房地产税改革为例，分析信息是如何影响税收决策这一问题的。税收决策需要充分的信息，这既需要税收理论信息的普及，又需要税收数据信息的处理。信息的分布、传播、获取、处理等，都影响税收决策，进而会对税制改革方向产生影响，因此，改革者应该按照税制改革目标，有意识地用好相关信息，助推税制改革的进行。

税收决策与信息

十八届三中全会通过的《中共中央关于全面深化改革若干重大问题的决定》要求建立现代财政制度。深化税制改革是其中的一项重要内容。税制改革内容丰富，几乎涵盖每一个税种，而且还涉及新税种。新税种的出现、旧税种的变革，都离不开税收决策。探寻税收决策的规律，可以更清晰地理解税制改革，为税制改革提供必要的支持，促进现代税收制度的建设。

税收政策是公共政策的组成部分。公共政策的推行必须建立在分歧的消除和共识的取得之上。公共政策视角的税制改革研究很有必要。更深入的税收决策研究需要深入税收政策选择内部。影响税收决策的因素很多，本章聚焦信息视角，探究信息影响税收决策的过程。信息是决策的基础，税收决策的分歧多与信息有关。不同的信息量对税收决策有不同的影响。

信息包括两个方面：一是税收理论信息；二是税收收入数据信息。不同的税收理论信息，意味着人们对税收有不同的认识。分析问题的不同出发点，会让人们对税收问题的分析采取不同的方法……信息对税收决策的影响问题，实际上也是一个知识如何影响税制改革的问题。本章以“营改增”、个人所得税和房地产税改革为例，剖析信息与税收决策之间的关系，以期为未来税收决策和税制改革提供参考。税制改革的顺利进行与新知识传统的形成有着千丝万缕的关系。一旦随着信息的传播并被接受，新的知识传统就会形成，一些本来看似很难的税收决策也可能顺利进行。

信息与“营改增”决策

2012年，“营改增”试点从上海起步；2016年5月1日，“营改增”开始全面试点，营业税逐步退出中国税制舞台。“营改增”的最终目标是建立现代增值税制度。由于对“营改增”具体方案的影响不能完全把握，即改革影响信息获取的不完全性，“营改增”试点才有了必要性。在上海试点之前，“营改增”受到了国税和地税部门分工因素的影响，受到了地方政府担心收入下滑因素的影响。这些因素直接影响了“营改增”试点的启动。上海由于国地税合一的得天独厚的条件，国地税分工合作问题不存在，而有了先行先试的机会。既然是试点，那么试点中发现问题并对问题提出应对方案就是非常正常的事。营业税是地方政府最重要的税种，为地方政府提供了重要的收入。增值税取代营业税会有什么样的影响？虽然试点之前有各种各样的方案影响测试，但“营改增”影响面大，改革影响的不确定性因素仍然存在。试点可以提供更充分的信息，为税收决策提供参考。

“营改增”之后对地方税收收入的影响究竟有多大？“营改增”之后，新增增值税收入能否充分弥补原先的营业税收入？这里需要较准确的税收收入信息预测。营业税与增值税收入预测有很大的不同。营业税收入与营业额的多少及税率有关。增值税收入预测需要销售环节的销项税额，这与以营业额为基础计算的营业税应纳税额有可比性。但是，增值税应纳税额还和进项税额有关。当期进项税额直接影响当期应纳税额。

营业税与增值税收入的比较，从一个营业周期来测算才更准确。但是，对于地方政府来说，既需要考虑中长期的税收收入的需要，也不能不重视短期税收收入。“营改增”之后，企业进项税额在整个营业周期内如何分布，直接影响不同时期地方的税收收入。不同企业进项税额分布从总体上有无规律可循？不同企业会不会在同一个时期同时增加进项税额呢？这是一个必须考虑的问题，因为同时增加就可能在这一时期导致增值税收入大幅度下降。

2012年，“营改增”试点直接定位为减税改革。此前，1998年实施积极财政政策，“结构性减税”方案提出之后，税收有减有增，而社会对减税效果如何存在争议。“营改增”试点一开始就定位为“减税”改革，与宏观经济政策有更直接的联系。在试点中，税负问题一直备受关注。试点最初强调企业税负不增加，后来转向强调行业税负不提高。试点之后，增值税新设11%和6%两档税率，就是“营改增”减税的体现。税负是否上升的另一面是企业应纳税额多少的问题。营业税征管力度通常不如增值税，“营改增”之后企业实际税负可能增加，税负问题因此变得更加复杂。是纠缠于说不清的税负，还是让“营改增”摆脱税负约束？如果只是为了减税目标，那么简并税率并进一步降低增值税税率的减税效果更明显。税收决策需掌握新税率的实施可以减少多少税收收入的信息才能做出。

“营改增”之后，不同企业所受到的影响不一样。税制改革对具体企业税负的影响信息是分散的，全面收集并对信息加以判断并不容易做到。这个问题在试点中就已经暴露出来。不断地解释“营改增”试点与税负关系，实际上在浪费宝贵的税收征管资源。“营改增”亟待换种思路。增值税虽然是价外税，在会计处理上也可以采取特殊的方式，但是这并不影响增值税可能形成纳税人实际负担的判断。否则，企业就没有理由抱怨增值税税负。有关方面以营业税是价外税所以不构成企业负担的解释也往往不能为社会所接受。显然，建立现代增值税制度需要普及税负归宿理论，让税收理论信息为更多人所了解，这可以让问题的讨论有更多的共同出发点。

企业除了关心税负，更关注资本回报率。企业所直接缴纳的税收只是表明企业直接缴纳的税款的多少。如果企业能顺利转嫁税负，那么对企业来说，税负就不是什么问题。各行业税负不一，但名义税负更重的行业不见得就是经营最困难的行业。因此，分行业来判断税负的轻重并选择合适的税收政策，反而不一定能够实现税收决策的目标。而且，随着经济社会的发展，行业间界限越来越模糊，让行业税负指标变得只有一定的参考价值。按行业或按商品服务类型来设定增值税税率是否合适，也是一个问题。实际上，各行业对企业和投资者来说，更有意义的指标是税后资本回报率。只要资本回报率足够高，投资就会持续。只观察名义税负显然不够，具体税制改革方案的设计应更多地关注税后资本回报率信息。这是一个远比名义税负更有意义的参考指标。

“营改增”不能偏离增值税改革的初衷。建立现代增值税制度旨在最大限度地减少重复征税，让增值税的中性作用得到更好的发挥。税收理论信息有助于税收决策。金融业增值税制的选择是现代增值税制度实施中遇到的一系列难题之一。试点所选择的金融业增值税制只是注意与营业税制的税负衔接，而不是基于对金融业务增值税实质的理解。这样的选择可以实现税制的平稳转换，但这只应该是试点时期或过渡期的暂时选择，最终金融业增值税制应回到增值税的实质层面上来。金融业之于全社会，是中间行业；金融业务的增值额确定，并不容易。参考新西兰等选择现代型增值税制国家的经验，可能更有助于中国金融业的发展。

信息与个人所得税改革决策

个人所得税改革旨在构建综合与分类相结合的税制。这个目标的提出已有多年。综合所得税制比分类所得税制更能促进社会公平，但是，这需要税收征管条件的配合。税收征管倘若不匹配，那么综合所得税制只会是空中楼阁。综合与分类相结合降低了改革的难度，是经过努力就可以实现的目标，但这同样会对税收征管提出更高的要求。

代扣代缴制度是个人所得税征管的标配，无论是分类所得税制，还是综合所得税制，都是如此。分类所得税制下，多数情况下，只要有付款人的代扣代缴就可以了。[①] 综合与分类相结合的个人所得税制，往往要求个人自行纳税申报。个人申报之后，税务局就应该有能力处理这些申报信息，并做出对应的具体安排。代扣代缴只是就某一月或某一次应纳税额进行的。个人最终实际应纳税额不仅要看收入总额，还要看收入是如何形成的，以及各种税收优惠条件是否适用。每个人的收入形成方式不同，满足税收优惠的条件不一，同样收入总额可能要缴纳不同的税额。税务局根据个人申报信息，并参考其他信息，做出补税、退税或不补不退的决策。面对人数众多的自然人纳税人，税务局如何应对是个难题。金税三期工程完成之后，相当多的信息收集工作可以自动完成，但这并不能减少人工的投入。

个人所得税制度选择不能不考虑税收征管成本。综合与分类相结合的改革，意味着税务部门的内部机构设置需要改变。现行的机构设置主要面向企业和单位，不能完全适应自然人征税的需要。但是机构设置的变化还要与收益相匹配。2016 年，个人所得税收入占全国税收总收入比例接近 8%。尽管相对于既往，这个比例不低，但是收入规模还是难以支撑内设机构根本性调整要求。基于现实，综合与分类的相结合只能在较小范围内进行。从目前来看，条件相对比较成熟以及综合迫切性较大的工资薪金所得和劳务报酬所得应该实行综合征收。这里排除掉稿酬所得。理由是，不同种类所得的综合征收需要考虑不同类型所得的税负均衡情况。工资薪金所得实行从 3% 到 45% 的七级超额累进税率，劳务报酬所得实质上实行的是 20%、30% 和 40% 的三级超额累进税率，稿酬所

① 2007 年开始要求对 2006 年个人自行纳税申报。这可以视为向综合与分类相结合的个人所得税制的预演。

得实际适用的是14%的比例税率。稿酬所得之所以实行14%的比例税率，是因为享受税收优惠的结果。稿酬所得凝聚了大量脑力劳动，有不少稿酬所得是“十年磨一剑”的结果，因此在原来适用的20%的税率的基础之上减征30%。这体现了社会对作家和脑力劳动者的尊重，也与客观实际情况相吻合。只要了解当年稿酬所得为什么要减征30%的历史信息，就不会贸然地建议将稿酬所得与工资薪金所得、劳务报酬所得合并在一起按照统一的方法征税，除非工资薪金所得和劳务报酬所得适用税率能向稿酬所得看齐。显然这个条件并不具备。个人所得税收入中来自工资薪金所得的份额超过60%，稿酬所得微乎其微。如果再考虑到作家群体是社会上话语权较多的群体，那么这就更没必要为了综合而综合。为了微乎其微的稿酬所得的统一课税，而让综合与分类相结合的个税改革进程可能受到干扰，是得不偿失的。

这当然不是说永远不能将稿酬所得纳入综合所得的范围。稿酬所得所对应的各种成本费用得到充分的扣除之后，也是可以考虑将之纳入综合范围的。关键是税负在改革之后应该大致均衡。综合与分类相结合的个税改革需要考虑各类成本费用的扣除，特别是各种专项扣除。这是所得税的本义。所得本来就应该是收入扣除成本费用后的余额。只有这样，才能保证个人和家庭的简单再生产。专项扣除是社会的呼声。住房按揭贷款利息支出、赡养老人支出、抚养未成年人支出、大病医疗费用支出、大笔教育费用支出等等，都是个人（家庭）获得收入所不可或缺的成本费用支出。个税综合与分类相结合的改革不能不考虑这些支出的需要。但是，考虑到个税收入规模的有限，考虑到税收征管的条件，再考虑到各类专项扣除的实际情况，专项扣除的实行只能选择“统筹设计、分步实施”的路径。住房价格与个人（家庭）收入水平的倍数早就处于不合理的状态，这不仅对住房价格的稳定构成了严峻的挑战，而且较高的贷款利息支出如果充分扣除，那么个人所得税收入能收到几何就可想而知。住房按揭贷款利息支出相对于其他专项扣除来说，信息相对容易获取，但对税收的财政原则构成了严重的破坏，因此，即使实施，也只能采取分步走和部分扣除的做法。赡养老人支出需要更充分的家庭信息，当下政府部门的家庭信息分散在不同部门，而且残缺不全，信息交换机制已经在建立，但这距离具体操作还有不小的距离。以家庭为单位课税没有必要，赡养老人的费用支出可以通过关联个人就可以得到解决，现实中只要做到不重复扣除就可以了。但是，这里还有一个老人是否是扣除的个人真正在赡养的难题。无疑，这也需要甄别，否则不需赡养的老人也可能成为“税收盾牌”。大笔医疗费用和教育费用支出都是属于容易甄别的项目，但都会影响到个人所得税收入，关键是收入水平的影响程度有多大的问题。有人担心商业机构乱开发票抵扣个税，这没有必要，因为商业机构开票就意味着其需要缴纳对应的税额，而且相关的税收征管机制也会发挥作用。总之，对专项扣除应采取分步走的策略。在专项扣除到位之前，个税的综合与分类相结合的改革应该实行标准扣除和专项扣除相结合的方式。标准扣除额当提高就要提高。现在工资薪金所得每月扣除3500元的标准随着物价的上涨和生活成本费用的上升早已有进一步提高的必要。

个税功能定位特别重要。这方面既需要理论信息，也需要国际做法的相关信息。个税的确能在收入再分配中发挥作用，但这会受制于国际税收竞争。工资薪金所得45%的最高税率对于中国吸引高端人才极为不利，应该考虑大幅度降低最高税率水平。收入分配目标应该更多地借用社会保障和公共服务，即不能将全部责任落在个税身上，那只会成为个税不可承受的负担。最优税收理论早已提供了个税税率设定的相关信息。倒“U”型的所得税税率曲线虽然不能实现，但是处于较高收入地位的个人也没有必要适用惩罚性的高税率，因为这只会降低个人的劳动努力程度。为这提供注解的还有“拉弗曲线”——降低税率可能增加政府收入。

只要充分地收集和处理个税的理论信息、历史信息、收入信息，那么适当的个人所得税制的选择就是可以预期的，个税改革决策就可以建立在更加充分的信息基础之上。

信息与房地产税改革决策

可能没有一个税种和房地产税一样充满了争议。这些争议影响了改革共识的形成，直接影响房地产税改革决策。

房地产税改革的分歧，在很大程度上与税收理论信息普及不够有着密切关系。在房价高企的这些年头里，房地产税很容易被社会各界视为应对房价上涨的利器。房价上涨的背后是地价上涨。在全国各大城市建筑安装成本差距不大的情况下，为什么不同城市或者同一城市房价会有那么大的差距，就是明证。希望用房地产税来降房价，多数情况下属于缘木求鱼。这里，房地产税基本上是在扮演着“奢侈品税”的角色，但是，在正常情况下，房地产税并不能降房价。全世界多数国家有房地产税，为什么在很长时间内房价走势都是向上的？所能设想的房地产税降房价，只会发生在房地产市场岌岌可危时，而且，这只是在房地产税新引入时才可能见到。这种情况下，不用房地产税，市场自身就可能崩盘，房地产税只是起到压死骆驼的“最后一根稻草”或“最后一捆稻草”的作用。房价下跌的预期因为房地产税的开征而加强。

在正常情况下，房地产税不能真正地降房价。只要普及税负归宿的理论信息，社会各界就可以清楚地了解这一点。当一个人对一套住房100万元的价格感到不满时，他或她希望政府对卖方课以重税，假设是100%的所谓“暴利税”，那么这时他或她还有希望以100万元买到这套住房吗？在卖方市场中，这基本上是做不到的。在一个二手房交易中连个人所得税（很难转嫁的直接税）都可以转嫁的卖方市场，靠房地产税来降房价甚至有抱薪救火之嫌。在通常情况下，房地产税税率不可能太高，假定税率为3%，只要一年房价能有10%的上涨幅度，那么持有房地产的各类成本就都能覆盖。房地产市场需要建立健康发展的长效机制，但是，时下多种调控工具的混用，特别是政策工具之间衔接不够，引发了其他问题。[1] 这值得反思，让房地产税与房地产市场健康发展联系起来，需要的是建立有效的房地产税制度，而不是任性地调控房地产市场。

房地产税改革决策的分歧在很大程度上还与什么是房地产税的认识有关。房地产税开征时机的认识分歧很大，有的认为现在不具备条件，有的则认为马上就需要开征。没有共识，就不会有以共识为基础的税收决策。主张不必马上推出房地产税的多数从社会风险入手进行分析。房地产税开征可能带来社会风险，进而转化为国家治理风险。这样，对于国家来说，房地产税的相关决策就不能不谨慎。房地产税改革中还存在一些似是而非的看法。例如，产权问题是困扰房地产税改革的最重要问题。实际上，有意义的不是名义产权，而是实际产权。所谓的 70 年产权问题事实上不是什么问题。不同人心中有不同的房地产税，结果是连讨论的基础都不存在，更遑论共识的形成。本文所讨论的房地产税或国际意义上的房地产税是一种以评估价为基础，对所有住房都课征的税，是住房使用者为了享受当地公共服务所支付的代价。以评估价为基础，是为了保证不同时期购买的住房税负的公平。对所有住房都课征，是为了保证税负分摊的合理性，当然，这里应该将廉租房排除在外。[2] 中国还处于经济社会的转型期，各类住房的产权性质特别复杂，但无论什么样的住房，都享受了当地政府提供的公共服务，都应该缴纳房地产税。这样，房地产价值评估所使用的方法和二手房交易所采取的方法不同，它只是为了房地产税分摊的公平所用，通常更加简单易行。二手房交易中，同一栋楼不同楼层的价格差距可能很大，但房地产税价值评估时这种差异可以忽略。受各类所有权性质约束不能交易或交易只能获取部分溢价收入的住房，在很大程度上可以等同于商品房，采取同样的评估方法确定评估价值。房地产税改革决策的困难不在评估方法上，国际上已经有

① 例如，鼓励发展租房市场需要有充分的出租房，但是限购导致房源不足，结果是房租快速上涨。

② 廉租房使用者不具有房地产税的支付能力。

丰富的经验可供参考和借鉴。

重庆和上海所试点的自住房房产税不是未来所应该推广的房地产税。两地房地产税收入规模有限与税制方案选择有关。不能简单地以税收收入有限就说明试点的不成功。至少，两地在自然人房地产税征管上取得了经验。房地产税改革决策更需要的是对这一税种的功能定位和可能遇到的难题有充分的了解。靠房地产税来调节房价的目标不可取，靠房地产税来调节贫富差距更不可取。房地产税就是一种给地方政府公共服务融资的税。当地方政府有充分的土地收入来源可以依靠时，房地产税就不一定是必须存在的税种。从西欧历史上看，国家主要靠税收收入是在土地私有制确立之后。[①] 房地产税和土地使用权收入性质虽然不同，但是最后都成为地方政府的收入，这是房地产税定位中必须统筹考虑的。在土地公有制下，中国要加快房地产税立法并适时推进改革，这样的房地产税只能是一种中国特色的房地产税，应该是一种税负远比土地私有制国家要轻得多的税。

房地产税征管可能遇到的更大难题是纳税人的支付能力。中国确立社会主义市场经济体制改革目标的实践只有短短的二十多年，1998 年取消福利分房改革之后，商品房市场才快速发展起来。现实中，大量通过福利分房取得住房的个人（家庭）实际上所支付的购房金额相对较低，而后这些人中的多数收入水平并不见得有大幅度的上升，特别是行政事业单位人员，收入水平的上升远远赶不上房价。要让他们以评估价为基础进行课税，往往会遇到支付能力不足的难题。十多年来，中国房价上涨很快。十多年前一个月收入可以购买一平方米的个人，现在可能一年的收入才能买一平方米。对于这样的身居大城市或特大城市的个人（家庭），十多年前可以买得起的商品房，而今由于收入水平增长较慢，可能无法支付房地产税。十多年前一平方米五六千元的住房，现在可能达到一平方米十万元或更多，如果按评估价为基础课税，这部分人同样会遇

① 杨志勇（2017）对相关税收思想和史实作了梳理。

到支付能力不足的难题。这两个群体数量不小，如果充分考虑他们的实际支付能力，那么免税是较优的选择。但是，不公平问题也随之而来，新的购房者需要支付更多的购房款，但不能得到房地产税的减免，显然这会带来更多的新的房地产税不公问题。

关于房地产税支付能力不足问题的解决，不时有人建议将这样的问题采取延后处理，可以等到业主身故之后再变卖住房以支付税款。这样，税收经济问题就转化为税收伦理问题。而且，这么做也与传统文化有较大的冲突，不易为国人所接受。如果一种新税的开征，带来的收入规模有限，却蕴含着各类国家治理的风险，那么这样的税就不见得需要立马开征。由此看来，房地产税改革需要有更多的准备，改革进程不可能太快，但这是务实的选择，而不是在拖延改革。房地产税改革决策需要各种各样的信息，如前述支付不起税收的个人（家庭）人数有多少，再如房地产税免征额如何确定，又如房地产税开征之后到底能够筹集到多少等等。税收收入这些信息的获得既需要政府部门之间的协作，又需要一定的技术支持，并不是一道命令或一纸公文就可以即刻解决的。

房地产税与其他税种不同。易为纳税人所认可的合理的房地产税的征收标准只能在较小范围内统一，也就是说，房地产税的税负需要在一个学区内或较小的区域内确定，它的范围甚至要小于县区。只有这样，房地产税的公平负担问题才能得到解决。①

房地产税的决策需要税收理论信息的支持，需要税收收入信息的支持，还需要房地产税在多大程度上能够为社会接受的信息支持。房地产税又是一种和自然人关系密切且需要自然人亲自去缴纳的一个税种，与主要靠代扣代缴且往往有对应现金流的个人所得税不同，征管难度不可低估，而且这样的税是税务局和自然人纳税人面对面在打交道，对税务局征税方式也有不小的挑战，亟待有相应的新征管模式相匹配。

---

① 杨志勇（2015）分析了地铁通车、学区房因素对房地产税公平负担的影响。

税收决策信息的获取和使用

税收决策需要充分的信息。信息的获取或通过税收理论的普及，或借助于税收理论的创新，或靠税收数据信息的更全面利用。政府部门内部利用收入数据，与社会各界利用收入数据，影响是不一样的。行政部门事务性多，在全面深化改革的今天，行政部门内部人的优势在于他们本身就是数据的生产者，熟悉数据信息的来龙去脉；劣势是改革任务繁重，难以有充分的时间和精力来深度挖掘。以政府信息公开为契机，进一步提高财政透明度，让更多与税收决策有关的信息能为社会各界所获取，从而让更多的人参与税收决策所需信息的研究，可以提供更多的税收决策补充信息。更充分的信息势必形成更充分的知识储备，从而推动税收决策的科学化，促进税收制度现代化进程的完成。

从公共政策选择来看，税收决策需要更加清晰的思路，需要更加统一合理的分析框架。“算账”可以解决眼前问题，却无法自动形成合理的长期行之有效的制度。“算账”可以化解部分分歧，但共识的最终形成还需要税收理论信息的普及，需要具体改革方案可能的社会反应信息。有些在专业领域是常识的信息，亟待“飞入寻常百姓家”。只有这样，税收决策所需的共识才容易形成，税制改革才容易推进。税制改革总是在化解争议、形成共识之中进行的。信息在税制改革中扮演了至关重要的角色。不同经济主体所掌握的不同信息，在一定程度上决定了不同的博弈方式，形成了不同的博弈均衡，税制改革也因此有了不同的路径选择。分析信息与税收决策之间的关系，至少给我们的一点启示是，信息的分布、传播、获取、处理等，都会对税制改革的方向产生不同程度的影响，因此，改革者应该按照税制目标的要求，有意识地用好相关信息，助推税制改革的进行。

九、大国轻税：一揽子政策清单

比勒菲尔德男爵在他写的《政治学大纲》（第一卷，第十二章）中说，征收捐税时，就每项收入抽取25%是符合政治学的稳健原则的。

——约翰·冯·尤斯蒂：《财政学》，蔡受百译，载于A. E. 门罗编：《早期经济思想》，北京：商务印书馆，2011年，第382页。

“大国轻税”理念要转化为现实，需要开出一揽子政策清单[①]。轻税在很大程度上需要通过减税来实现。中国正在实施积极财政政策，减税降费是主旋律。建立现代税收制度，同样需要有助于国家治理现代化的税收制度。“大国轻税”理念转化为现实，已经具备条件。

减税降费

时任国务院总理李克强在2017年的《政府工作报告》中再次强调了减税降费。2017年3%的赤字率保持不变，体现了积极财政政策的要求。保持赤字率不变，主要是为了进一步减税降费。减税降费，万众期盼。在供给侧结构性改革深化之年的2017年，降成本是其中的重头戏。降成本主要靠企业自身努力。技术进步和管理改善，可以降低成本。降低税费负担对降成本的好处也不可低估。

总理的报告设定的目标是全年减税降费5500亿元左右，即全年再减少企业税负3500亿元左右、涉企收费约2000亿元。和过去的表述不太一样，总理强调“一定要让市场主体有切身感受”。“切身感受”并不容易做到。“营改增”全面试点定位为减税改革。减税直截了当的方式是降税率。总理的报告提出将增值税四档税率简并为三档，可以预期，相关行业的税率会得到进一步的下降，减税效应将更加明显。

减税不仅仅要考虑规模，还应更有针对性。小微企业减半征收所得税优惠的范围提高到年应纳税所得额50万元的上限，可以让更多的小微企业从税收优惠中受益。科技型中小企业研发费用加计扣除提高到75%，将鼓励企业加大研发投入，从而促进企业研发能力的提升。小微企业是就业大户，降低税负可以更好地促进就业。科技型中小企业的发

① 本章主要基于2016年和2017年作者为澎湃新闻撰写的系列社论，并根据现实作了修订。

展需要依靠真正的技术水平提高。在企业还是中小企业这个特定的阶段，加计扣除犹如雪中送炭，针对性强，效果不可低估。

减税和降费必须同步进行。否则过多的收费项目会让减税效果不容易体现出来，更遑论“切身感受”的实现。涉企收费降约2000亿元，规模看似不大，但这些名目繁多的收费负担容易让纳税人感受不到减税的“快感”。全面清理规范政府性基金，取消或停征一些涉企行政事业性收费，都是必要的。除此之外，还应该特别注意各种以市场价格形式存在的服务“收费”。这些服务的价格表面上有对应的服务，但价格的形成更多是依靠收费主体背后的政府部门。这种“收费”不太容易统计，但也构成了企业综合负担的一部分。唯有加快政府职能转变，才能消除这类“收费”存在的温床。

让减税降费有“切身感受”，目标既定，现在就是赶紧上路的时候了！

减消费税

减消费税不是新提法。2015年4月28日，国务院常务会议已有决定，而且是关税和消费税一起下调，为了给消费者更多的国内购物选择机会。

减消费税落实尚未到位。减税效果未能得到充分体现。同样一种商品，你在北京购买，要支付1500元，而在东京购买，只要支付1000元。这时，只要有机会，你就会选择在东京消费。即使你没办法亲自去，海外代购及电子商务，都可能帮你的忙。如果关税已下调，假设关税效应产生，这样，你在北京购买该商品需耗费1300元。面对1300元和1000元，更多的人可能还是会选择东京购物。一旦消费税下调到位，你在北京可能只需支付1100元，这是，你面临的是1100元和1000元之间的选择。100元的价差，不少人可能就会放弃从遥远的异国他乡携物而归，而选择境内消费。这也说明，减关税与减消费税一起，效果更好。

现在的消费税是在对商品普遍课征增值税的基础之上再选择部分商品加收的一道税，负担是重叠的。选择部分商品征收消费税，例如烟酒，确实有必要，目的在于抑制这类商品的消费。但是，对其他大部分商品，消费税该如何征收，甚至是否应该征收，都值得进一步探讨。

高档手表的消费税税率为20%，就不见得合理。高档手表被界定为每只价格在10 000元以上的手表。这样，你甚至可以专门为了一块30 000元的手表从北京到香港去一次，只要你的时间不值钱。仅仅是消费税，就有6000元的差距。即使要对手表继续课征消费税，那么高档手表的标准10 000元就该上调。若干年前，10 000元的手表确实高档，但是，时过境迁，随着人民收入和生活水平的提高，现在还说达到这个标准的手表就是高档，社会认可度不会太高。手表便于随身携带，税收容易流失。即使维持高税率，但税收不到，或只能收到很少，那么这还有多大的必要为了维持所谓的收入再分配目标，而维持高税率呢？或上调高档手表的标准，或降低税率，或干脆不征，才可能让消费税制的设计更接地气。

选择哪些商品课征消费税以及税率几何，当与社会发展相适应。人民的生活水准和社会流行观念左右税制的选择。时光荏苒，奢侈品不再奢侈，已成日常生活一部分，消费税调节消费就大可不必。小汽车已进入寻常百姓家时，消费税调节的必要性以及如何调节，就需再费思量。不同程度的消费税负担，外加没有消费税之名但有消费税之质的车辆购置税负担，汽车社会生活的美好又该如何更好地体现？成品油消费税持续上调，同样是个问题。成品油品质提高可以解决的问题，不一定要付诸消费税。

当然，不是所有的消费税都需要减。有害的烟草消费，就不适合减消费税。相反，烟草消费税还应继续上调。

减增值税

2016年5月1日，“营改增”全面试点开始。从2012年1月1日算起，试点从开始到全覆盖耗费4年又4个月的光阴。

中华人民共和国第一大税种——增值税的改革涉及面广。市场和社会对减增值税仍有强烈的诉求和期盼。联想集团董事长杨元庆多次提及增值税税率高导致中国大陆地区电脑价格高于中国香港地区和国外。17%的制造业增值税税率确实不低。别总拿税率比中国高的西欧国家来说事。事实上，中国增值税税率不是全球最高，也比这些国家低。但是，中国毕竟在亚太地区，还是和周边国家和地区比更接地气些。香港地区很特殊，没有增值税，就不用多说。日本和中国的增值税对应的是消费税，税率从5%提高到8%就吵了很多年，其间发生了许多事，最终目标也只是定位于亚太地区较高的10%，且这一目标迄今未实现。

减增值税问题容易被忽略。好多人只看到增值税税负设计时层层转嫁的一面，而未注意到税负转嫁的细节。规范的增值税是价外税，名义上层层转嫁，最后由消费者负担全部税收。且不说进项税额抵扣难以完全到位，就是全部到位之后，增值税税负也不会全部落到消费者身上。否则，企业不会抱怨增值税税负重。产品销售出去之前，企业至少要垫支已支付的增值税税额。税法可以规定纳税人，无法限定负税人，实际税负谁承担则取决于税负转嫁情况。销售时的税负转嫁更取决于买卖双方的市场力量之对比。约束买方决策的是价税总额，而不只是价格。看看有税无税的极端情形的对比，事情就一目了然。一件商品无税时100元，现在要收17元的税，卖方要支付多少，买方又能得到多少？各位开动脑筋，放到当下的税收环境中去，自有启示。

对于市场和社会来说，有意义的是实际税负，而不是名义税负。2016年确保所有行业税负只减不增的承诺，掷地有声。落实之难，不容小觑。名义税负相对好算，实际税负则难矣。甚至于同一行业不同企业之间实际税负也有差距。建筑业“营改增”之后，进项税额抵扣就是一个问题。营业税全额征税可不考虑进项税额，而今转换为增值税，进项税额抵扣依据发票，还是查账征收，税负轻重的衔接工作不能不处理好。

增值税现在基本税率和低税率有3档，即17%、11%和6%，此外还有3%、5%、1.5%的征收率，税率体系的形成自有原因，但税率太多，影响增值税中性作用。“馒头税”“血浆税”的说法触目惊心，简并税率、扩大低税率适用范围或免税才是正道。此时，增值税制再造的重要性远超简单的减税政策。

减增值税，挑战多多。有交易就有税收。减增值税之后，交易税收就可能减少。这不可怕。市场繁荣终会解决问题。

春回大地，万物复苏。减增值税，再造增值税制，已是恰当时机。

减个税

减个税，由来已久。

工资薪金所得减除费用标准（免征额）从800元提高到1600元，又调整至2000元，再到现行的3500元，减税持续进行中。实际上，每一次免征额的上调，仍无法满足所有人的减税诉求。早些年，就有人建议将免征额定为8000元或10 000元。个税存在的问题，确实需要通过减税解决，但这不是简单地提高免征额就能解决的。

减个税容易纠缠于工资薪金所得免征额上调与个税综合改革之争。前者主张直接提高免征额；后者则认为应加总个人各类所得，根据不同个人（家庭）的不同负担，在标准扣除的基础之上，实施差异化的专项扣除。前者操作简单，减税见效快；后者则需对税法作较多修改，可能令人有远水解不了近渴的问题。减个税宜从综合所得税制改革做起。

2016年个税收入10 088.98亿元，占税收总收入的7.74%。显然，个税在收入体系中不占主导地位。各类所得适用不同计税方法，这样，总收入一样但收入来源不一样的个人税负不同。所得税的综合制改革可以从根本上解决这种问题，但这需有良好征管条件配合。11 类所得拼在一起统一课税的改革，一步到位有难度，可分步实施。这就是当下所强调的综合与分类相结合的个税改革。可以考虑先行合并工资薪金所得和劳务报酬所得，将这两类所得合在一起按照统一的方法征税。稿酬所得可以暂不合并，14% 的优惠税率决定了纳税人负担变化需要做好相关衔接工作，否则，创作者的税负就可能大幅度增加。

个税综合制改革不是将数种或全部所得合在一起按统一方法课税就了事的。改革更重要的意义是能区分不同人不同情况，在标准扣除的基础之上，给符合条件的纳税人专门的税收优惠，通过对养老、医疗、教育、住房等大笔支出的专项扣除，实现减个税的目标，让减个税的政策导向更精准。社会对专项扣除有着强烈的诉求。不用说其他，仅仅房贷利息抵税，就不知有多少人在期盼。减个税不仅是扩张性财政政策的内容，也符合个税制度改革目标的要求。

个税综合制改革需根据个税定位，解决好标准扣除的确定问题，解决好目前工资薪金所得边际税率偏高的问题。当前，每个月工资薪金所得的应纳税所得额在 8 万元以上的部分就要适用 45% 的最高边际税率。换种说法，一年十几万美元的收入，就要适用这一高税率，这不利于中国吸引具有国际竞争力的人才。个税综合改革实施之前，对于只有劳务报酬所得而没有工资薪金所得，且收入水平不是很高的，应该在社保扣除和税率选择上予以一定的优惠，甚至可以直接参照工资薪金所得缴税，让个税制度设计充分体现人文关怀。

减企业所得税

小微企业适用 15% 的企业所得税受到普遍欢迎。税率下调，简单明了，效果明显。关于25%的企业所得税税率，有民营企业人士对此的解读是一句大白话：一个公司有4股，分红时国家要占1股。实际上，分红依据的是国家税法所规定的利润，企业所得税是公司分红之前就要征收的，国家拿走的税收大于1股的红利。实体经济正面临诸多困难，如果企业所得税优惠能扩及一般企业，那么减税效果肯定更加明显，积极财政政策力度更有保证。

固定资产加速折旧、研发费用加计扣除等等，都是减企业所得税的重要举措，对于增强企业发展后劲很有帮助。“中国制造2025”目标的实现，创新发展理念的落实，都离不开自主创新。市场经济条件下，企业是自主创新的重要主体。对企业在技术创新上的投入予以必要的鼓励，针对性强，减税精准到位。减企业所得税，可以让企业的创新发展更有后劲。

无论是根据会计准则计算的会计利润，还是根据企业所得税法计算的应纳税所得额，都是企业收入扣除成本费用之后的结果，计算的基本原理都一样。不过，不同方法对收入和成本费用的认定标准不一样。当下，企业所得税法未对依据会计准则计算的会计利润照单全收，而是对收入和成本费用作了较多限定。

会计利润与应纳税所得额之间的差距，在一定意义上是企业所得税法与企业实际情况衔接不太够的产物。一国企业所得税法可以直接选择会计利润作为应纳税所得额，也可以所得税法为依据，核算收入和成本费用，得出应纳税所得额。前者更适合企业实际，后者则可以更好地保证国家财政收入。在企业会计核算制度不到位的情况下，以税法为直接依据，计算应纳税所得额，可以保证税收征管的公平，更有效率。随着企业会计核算制度的日趋健全，应纳税所得额的确定，就可以考虑转换为更适合企业自生发展的以会计利润为应纳税所得额的制度。

企业所得税法对某些成本费用采取比例控制的做法。特定比例之下的成本费用符合规定可以扣除，而高于该比例的实际支出不能扣除。这在特定时期有其必要，但这不可避免地导致企业为形成收入所发生的成本费用不能全部扣除，影响企业的可持续发展。特别是，要让不同类型处于不同发展阶段的企业，适用统一的比例控制法，显然不尽合理。在初创时期需要密集广告推广的企业，与在业内已有相当地位的企业，销售费用岂能采用同一比例？巨无霸企业和中等规模的企业，比例控制的基数千差万别，同一比例意味着新的不公平竞争。减企业所得税可从取消比例控制入手，找到合适的减税之道。

商誉、无形资产等的会计处理和企业所得税应纳税额也密切相关。企业集团之间也有不少与企业所得税相关事务需要处理。无论什么样的事务，只要更多地考虑企业的实际情况，就可能意味着新的减税空间。

减企业所得税，不必只盯着税率不放，条条道路通罗马。减企业所得税，是要真正减轻企业实际税负，让企业在市场经济的海洋中畅游，推动市场的持续繁荣。

取消土地增值税

在整个税制体系内，土地增值税不占有重要地位。2016 年，土地增值税收入为 4212.19 亿元，仅占税收总收入的 3.23%。取消土地增值税，不会影响财政的正常运行。

土地增值税从来没有真正实现其预定目标。土地增值税和 1992 年之后房地产市场投机气氛浓厚不无关系。土地增值税的开征是“为了规范土地、房地产市场交易秩序，合理调节土地增值收益，维护国家权益”。1994 年之后，房地产市场投机气氛并没有随着土地增值税的出台而消失，交易秩序也没有因此就得到规范，有效的土地增值税收入规模显然难以调节土地增值收益。有意义的一点可能就在于，土地增值税构成了地方税收收入的一部分，在财政收入潜在增长率下降的时期，可以为地方财政收入多做贡献。地方税收收入问题，宜通过完善中央和地方税收划分体系来加以解决。从现实出发，增值税和消费税共享方案的设计中需尽可能考虑地方财政正常运行的需要。

土地增值税的问题并非今日才有。土地增值税从诞生之初就充满争议，甚至连其出台都有点蹊跷。《中华人民共和国土地增值税暂行条例》自1994年1月1日生效，但与此配套的实施细则迟至1995年1月27日才由财政部发布。土地增值税一开始就经历了一年无实施细则无法正常征管的阶段。即使是实施细则公布之后，地方政府也不是马上着手严征土地增值税。按理，作为地方税的土地增值税，地方政府本应更积极征收才对。

地方收入也要取之有道，综合考虑多种治理目标的实现。土地增值税所设计的调节力度不可谓不大。除符合条件免征外，土地增值税实行30%、40%、50%和60%的四级超率累进税率，对应的必然是沉重的名义税负。落实必影响投资，必影响消费，必影响房地产市场繁荣。

土地增值税预征和清算是征管落实不得已的选择。不符合条件迟迟不能清算，各地不同的预征率，土地增值税征管弹性偏大，不利于公平征管。房地产去库存条件下，如加大清算力度，结果可能是去库存更加困难；房地产市场供不应求时，购房者可能要承担绝大部分税负，于住房民生改善不利，对购房自住者尤其不利。购买商品房自住者所拥有的住房，所承担的税费基金以及其他负担实属不轻。购买商品房自住的人群，已是当今社会广义税负（包括各种收费基金等）的群体，土地增值税会不会成为压倒他们的最后一根稻草？世界上现在只有极少数国家和地区选择土地增值税，中国没有必要效仿。认识市场，尊重市场，让市场和政府在房地产市场运行中准确定位，才能让住房的公共政策目标得到更好的实现。土地增值税无益于公共政策目标实现，理应取消。十八届三中全会提出“加快房地产税立法并适时推进改革”，为取消土地增值税提供了一个契机。

减税要注意策略

在国内外经济形势较为复杂并面对诸多不确定性的背景中，加大减税力度已成为积极财政政策不可或缺的内容。保持一定的财政赤字规模为减税提供了空间。

税收的基本功能是筹集财政收入，用于公共产品和公共服务。任何形式的减税都不能脱离财政支出的实际。理性的社会不会一方面要求政府不断扩大支出，另一方面又不同意支付税收。如此，主权债务危机就会出现且越演越烈。我们主张减税要有力度，也要有限度，在限度内把减税空间用好，减税要特别注意策略。

减税任务应该是综合的，是多个税种同时减税。增值税、消费税、企业所得得税、个人所得税、关税、契税、土地增值税、车船税等等，都有减税空间。

加快“营改增”试点，特别是简并增值税税率，可以让增值税减税效果更明显。制造业增值税税率下降并与服务业靠拢，既是增值税中性作用发挥的要求，又可促进中国制造业升级。消费税征税范围过广税率过高，导致消费流失到境外。2015 年 4 月 28 日国务院常务会议决定降低关税和消费税，让人民有更多的国内购物选择机会，但消费税减税仍未到位。关税减税政策应与消费税改革协调一致。消费税减税有许多困难要克服，但还是要加快，让已有的减税政策落到实处。

企业所得税收入占税收总收入的比重在 20% 左右徘徊。这一占比远高于发达国家水平。25% 的税率有下调空间。税基的确定可再作优化。过于严格的成本费用确定标准，让一些本与收入直接相关的成本费用得不到扣除。相关规定切合实际，更有利于企业可持续发展。鼓励创新的税收优惠政策也可再作完善。企业所得税研发费用加计扣除范围就应该扩大，人文社会科学研究的贡献理应得到充分体现；固定资产折旧费用的计提应充分体现技术进步的要求。业务费用销售费用等的确定也应与企业实际支出更加吻合。

个税减税更是引人注目。工资薪金所得免征额提高的社会呼声很大。应加快推进综合与分类相结合改革，增设专项扣除，体现个税征管的个性化特征，让个税减税效果更加明显。普通住房标准的确定应体现人民居住条件的改善诉求，住房交易税收即使在契税营业税下调之后仍有下调余地。土地增值税是特定条件下设定的一种税，应顺应房地产去库存的目标要求，逐步减少直至取消。车辆购置税和车船税，从汽车消费需求的扩大和改善出行条件来看，那些改善型车辆消费都应纳入减税清单。

减税不仅仅是政策，更应该考虑将减税政策与深化税制改革结合起来，兼顾国家治理的短期和中长期政策目标，让税收制度的现代化目标早日实现。

减税的保障

减税不会无限度。

可行的减税必须保证政府提供公共产品和公共服务有充分的财力。理性减税只能在一定空间内进行。统一的税收制度与政策背景下，减税空间可以在全国范围内统筹。

各地经济发展所处阶段不同，经济结构不同，收入水平不同，不同税种不同方式的减税对不同地区税收收入的影响不同，这样，同一减税措施在不同地区就会形成不同的减税力度，地方财力受影响的程度就会出现差异。减税可能带来不同地方财力分布格局的变化。有些地区的公共产品和公共服务提供所需财力就可能受到影响。

减税意味着地方财政收入能力的下降，相应地，标准收入随之下降，一般性转移支付规模就会随之扩大。而且，不同的收入下降幅度，需要不同的一般性转移支付相匹配。如果新增一般性转移支付足以弥补减税缺口，那么财政体制无须调整。即使缺口仍然存在，某些类型公共产品和公共服务的提供，还是可能通过增加专项转移支付来解决。财政体制弹性，可以对变化的财力格局做出适当的回应。

只有在财力格局变化较大，既有的财政体制无法自我调节的时候，财政体制才需要作进一步的改革。

过去所说的财力，主要是指一般公共预算中的财力。深化财税体制改革，要求实行全口径预算，要求统筹政府可支配财力。这样，不仅仅是一般公共预算中的资金要统筹使用，而且连政府性基金预算和国有资本经营预算中的资金都需要统筹使用。社会保险基金预算由于基金的性质不同，且本身就面临收不抵支的问题，基本上很难腾出资金以供统筹。可统筹的资金构成了一级政府的综合可支配财力，能够综合用于公共产品和公共服务的提供。

当三种预算中的资金统筹，仍然不足以解决地方公共产品和公共服务提供的资金保障问题时，财政体制改革就必须进一步加快。

国家治理的现代化，要求在政府综合可支配财力统筹的基础之上划分中央和地方关系，调动中央和地方两个积极性。由此所形成的财政体制，就不同于分税制财政管理体制，而应该是分税、分租与分利相结合的财政管理体制。在这种体制之内，政府资产可以根据需要变现，以补充可支配财力的不足。这样的体制，仍然存有调动中央和地方两个积极性的特点和优点。中央和地方之间的权责利的划分，不能让中央替代地方决策，也不能让地方自我膨胀，而应在统一性与灵活性上求得均衡。

减税是积极财政政策的重要一部分。减税不仅要考虑支出问题，而且不能忽视收入侧改革的难题。减税应该是理性的，必须有相应的配套措施，否则，免费午餐心理式的减税，只会带来主权债务危机甚至财政危机。

减税政策的评估

减税不能一减了之。作为一种公共政策，效果评估不可或缺。只有评估到位，减税政策才可能进一步完善，税制改革才可能真正到位，国家治理现代化目标才可能实现。

减税政策评估难度极大，但仍应努力完成。减税是一个过程，政策评估同样如此。评估需选好节点。政策执行之前有预评，执行中有中期评估，执行结束有后评估。评估需对照减税政策目标进行。政策是否符合目标的总体要求，具体减税措施是否达到具体目标，都是评估需考虑的。预评不过关，减税政策就不能出台。中期评估结果，是政策延续、完善、提前结束的依据。后评估旨在总结经验和教训，为后续政策选择提供参考。

减税政策总目标当与宏观经济形势相关，需评估减税在多大程度上促进了经济增长。本轮减税政策中的相当部分属于税制改革，需评估税制完善目标在多大程度上实现。税制改革目标是多元的，不仅仅是经济的，而且还包括政治和社会的。评估需更复杂的分析框架。

减税政策评估的基本方法仍然是成本－收益分析法。成本包括直接成本和间接成本。间接成本是指社会为减税政策所承担的成本。收益就是目标，收益需量化才能融入政策分析之中。这里没有市场，量化分析殊为不易。在基本方法之上，应该考虑更加复杂、有效性更强的评估方法。

和具体公共支出项目评估不同，减税政策的直接成本测算就不太容易。减税不是政府直接拿钱做事，但与支出一样，都意味着政府可支配财力的减少。因此，需要做好税式支出核算工作。在政策出台之前，有关部门一般都要进行减税政策影响的测算。如果相关部门能把测算的结果、依据、方法等更具体的信息公开，那么这将有助于社会对减税政策的评估。对于公共决策来说，这也是好事。群策群力，发挥“三个臭皮匠”的作用，公共决策当会越来越科学。时下，税式支出预算还缺失。每一种具体减税措施，都意味着相当的减税规模。如有税式支出预算，则评估时就有更基础的参照数，评估的针对性会更强。当然，税式支出预算编制不容易，每一数据都要采用特定方法测算，有难度，但从国家治理的现代化要求出发，税式支出预算编制的困难只能设法克服。税式支出数据是减税政策评估的基础数据，不能缺失。

减税政策评估是动态的，需结合当时情景进行。政策评估应该是多角度的，评估方法可以是多元的。纵向和横向比较，可以让减税效果看得更加清楚。反事实假设法能比较减税政策是否出台的不同结果，应当加以重视。同样的政策目标是否可以借助其他成本更低的财政收支政策措施实现，也需加以评估。

最后，为了客观评估，减税政策评估应是第三方评估。只有这样，评估才可能摆脱利益相关者的干扰。这不排斥利益相关者自评，但自评不应是最后的，而只能是一种有助于第三方评估的评估。

减税与精兵简政

减税功效要好，还得精兵简政配合。

减税会减少政府可支配财力。为了减税，财政赤字率和债务负担率往往会相应提高。但是，债务负担不可能无限度，否则债台高筑，妨碍经济增长，甚至酿成债务风险，直至财政危机。财政赤字率也无法持续提高。阶段性提高赤字率，并把握好“阶段性”的时间节点，政策的负面影响可得到最大限度的控制。

减税如能辅以财政支出规模控制，减税的财政压力就会缓解，毕竟税收的最基本功能是筹集财政收入，保证财政支出的需要。人口老龄化进程在加速，随着高龄社会的到来，政府在养老保障和医疗卫生支出的负担将越来越多，财政支出总规模几无压缩余地。但是，优化财政支出结构的空间仍然存在。进一步优化财政支出结构，意味着政府有限的可支配财力能够用到刀刃上，财政支出增长速度就可能在一定程度上得到控制，从而缓解减税的财政压力。无论是财政支出的规模控制，还是结构优化，都可以释放出更大的减税空间，释放出更多的市场活力。

控制财政支出，釜底抽薪之策必须依靠政府职能转变。政府职能越多，各种支出可能越多，支出压力越大。压缩支出，就要精兵简政。

精兵就是要控制财政供养人口。2013 年，李克强总理就承诺本届政府财政供养人口不能加。这一承诺意味着无论是机关单位，还是财政供养的事业单位，人员数量将得到有力的控制。人员经费的多少与支出标准有关，也与人员数量有关。其他条件不变，人多就意味着人员经费支出多。控制人员数量，相应的人员经费财政支出就会得到控制。精兵不仅仅是保持财政供养人口不增加。人员存量同样需要优化。一些事业单位本来不承担政府职能，且本来就在市场化运作，就可以先行转为企业。机关单位也要确立人员能进能出体制机制，减少冗员，并形成有效的公共服务提供的激励机制。

简政不是推卸政府责任。简政是要转变政府职能，将政府的活动限制在政府应该活动的地方，厘清市场、社会和政府界限，释放市场和社会的活力。简政，是为了让政府集中精力，做好最擅长的事，而不是越俎代庖，僭越界限。简政，意味着政府的一些不必要支出要减少。

简政的目标是优化公共服务。政府部门内部的职能优化相当重要。一些部门职能交叉重叠，多部门行动，只会妨碍政府服务效率，徒增公众麻烦。政府取得各种收入，所依据的原始资料一样，一个部门能服务到位，完全不需要叠床架屋。在这个互联网时代，更多更便捷的数据共享，也为优化公共服务提供了更大的空间。

变化世界中的预算改革

“轻税”需要和预算改革协调。没有预算改革，税收收入的适用就可能是个问题，低效率的财政资金使用不可能让社会公众感受到“轻税”。

这是一个在不断发生变化的世界。在预算领域，“以不变应万变”几无可能。“以变制变”才是适宜之道。

凡事预则立，不预则废。未雨绸缪，需要的是提前制定好计划。普遍存在的不确定性，决定了计划应留出足够的应对空间。在物价凝固化的年代，只要能知道某种产品的耗用量，计划的支出金额就可以轻而易举地算出，而且这与实际执行数不会有太大偏差。今天，随着市场经济的发展，众多商品和服务价格随行就市，部分商品和服务的价格甚至因为经济结构的变化而可能发生较大的变化。准确预计一定数量商品和服务的总支出，难度已今非昔比。当然，预算是门技术活，编制时要预测价格变化趋势，并在预算支出金额上反映。但是，复杂的世界可能导致预测数与实际执行数的偏差。预算制度应有适应这种偏差的弹性。

花钱有规矩，合规性是预算工作的必然要求。但是，这种“规”应更多地体现在公款用在公共事务上，体现在促进财政资金效率的提高上。“规”不是用僵硬的规定来捆住做事的手脚。“规”重在规范大原则，“规”重在给出财政支出的方向和基本标准。世界的不确定性，决定了财政支出方向和基本标准，也应因时因势而变。“规”应能为这种变化提供支撑。

现代国家的功能远多于传统国家，治理难度也远超传统国家。现代国家所面临的一些事务，甚至是前所未有的。全球化的世界，决定了一国治理不能只考虑自身因素；市场体系日趋复杂和精细，宏观经济管理的专业性在不断挑战国家治理。中国是一个发展中的大国，国家治理的难度更是超过了以往。反映国家治理的预算必须有足够的弹性。在这样的背景中，强调绩效的预算改革就显得尤为重要。重要的是做事，是有效率地做事，而不是支出本身。预算只强调投入，而不重视产出的时代已经逝去。预算的激励功能应得到充分的发挥。各种预算主体直接面对复杂的充满不确定性的世界，一定限度内的支出灵活度，可以更好地发挥这些主体的积极性，并及时地对现实变化做出反应。

绩效预算对改革提出了很高的要求。但是，在这样一个公共服务国际竞争越来越激烈的时代，不加快推行绩效预算，公共服务效率就很难真正得到提高。专业部门做事的专业性，决定了信息不对称问题的广泛存在。这更凸显预算改革中激励相容机制的确立的必要性和重要性。绩效预算效果如何，同样需要通过绩效评价。评价的基础仍然是预算的基础信息。进一步提高预算透明度，让“全面规范、公开透明”的预算理念与绩效预算改革更好地融合，当是预算改革努力的方向。

预算信息公开促进国家治理现代化

预算改革千头万绪，涉及所有使用公共资金的机构和个人。预算改革必须在信息公开的基础之上推进。《政府信息公开条例》已将预算公开作为重要内容之一，但这还不够。

预算公开需要法律保驾护航。法律没有明令禁止公开的，就应该公开。法律禁止公开的范围应该得到严格的限定。信息公开会危害国家利益的，会损害公共利益的，当然要严令禁止。公开与保密之间应有清晰的界限。从保密范围广泛的时代走来，这不可避免地会留下那个时代的烙印。预算从几乎全不公开，到如今的越来越透明，体现了时代进步。但是，与国家治理现代化的要求相比，差距仍然不小。

预算涉及公共资金。人民政府受人民之托办事，为人民服务。公共资金的收取和使用，相关信息公开本来就是应该的。但是，现实中，由于这样那样的原因，信息公开得还不够，敏感领域仍然过多。这虽然可以在一定程度上防止某些问题的炒作，但是这种所谓“求稳”的保守做法也是要付出沉重代价的。不够清晰的涉密界限，使得一些本应公开的信息处于不必要的保密状态。如此做法直接导致人民对部分预算信息不必要的猜疑，不利于国家治理现代化建设。部分信息本来应该公开，但是出于少数人所担心的负面影响而不公开，这虽然“保护”了他们的利益，可是，这对于国家整体利益反而是不利的。

预算信息公开是最有效的预防腐败的做法之一，也能有力地促进公共决策的科学化。预算信息公开应摆脱“人治”影响，在法治化的框架下进行。现代国家的预算信息公开是有规律可循的。预算信息公开的范围、时间节点、方式等均应有明确的法律界定。预算信息公开的不仅仅是预算数据，还应包括数据后面的背景资料。这样，所公开的预算信息才可能真正有用。公众不仅可以据此监督政府，而且，更多的专业人士有了研究的基础资料，可以为公共决策提供更加专业的智慧支持，而不必愁无米下锅。

这些年，预算信息公开已取得长足进步。为了进一步提升国家治理能力，促进国家治理的现代化，《中华人民共和国保密法》的修订已迫在眉睫，《政府信息公开条例》也应该尽快升级为法，并对所要求公开的信息作更细致的规定，让信息能够按照国家治理现代化的要求有效公开。

统筹预算

“十三五”规划纲要提出要统筹政府性基金预算、国有资本经营预算和一般公共预算，是有依据的。现行预算体系由一般公共预算、政府性基金预算、国有资本经营预算和社会保险基金预算四本子预算组成。这样的复式预算适应了不同种类不同性质收支分门别类管理的需要。子预算之间的衔接不可或缺，否则，子预算就成为独立的预算。广义税负所对应的正是这四本子预算。

四本子预算各有定位和覆盖范围，彼此之间相对独立。四本子预算在不同背景下形成，适应了不同时期的需要。随着预算成立条件的变更，子预算需动态调整，有的子预算甚至没有必要独立存在。

三十年河东，三十年河西。现代国家预算也是这么走过来的。最初的预算是单一预算，所有收支在一个预算表中反映。后来，随着政府资本性支出增加，单一预算逐步发展成为复式预算。经常预算和资本预算共同组成的预算体系较为流行。但是，随着政府职能的转变，政府资本性支出的减少，一些国家的资本预算所要反映的内容太少，独立编制已无必要，复式预算回归单一预算。

中国从 1992 年开始试编经常性预算和建设性预算，并随着改革事业的发展，形成了当前由四本子预算构成的预算体系。这样的预算体系具有中国特色，但仍需进一步优化。加强预算资金间的统筹，突出一般公共预算的主导地位，才能让预算体系更加适应财政作为国家治理的基础和重要支柱的定位要求。

政府性基金预算由各有专门用途的不同性质的基金收支所组成，较好地满足了各种特定事业发展的需要。但是，给各种公共资金加上标记，在一定程度上妨碍了公共资金使用的灵活度。特别是，各种政府性基金收支不一定相等，在以收定支的理财原则下，容易形成资金的沉淀。从性质上看，这些基金收取依靠的是政府权力，与一般公共预算收入中的税收没有太多差别。政府性基金本应该融入一般公共预算。在某些条件下，政府性基金和一般公共预算之间的统筹力度可先适当加大。国有资本经营预算收入反映的是国有资本分红收益。属于全体国人的国有资本应更多地用于公共产品和公共服务的提供。这两年，国有资本经营预算资金调入一般公共预算的比例在提高，但这还不够，国有资本经营预算在国有经济体系内部循环的问题仍未得到真正解决。进一步提高国有资本经营预算资金统筹比例，国有资本服务全体国人的功能才能更好地发挥。

社会保险基金预算与一般公共预算的联系也应加强。从现实来看，一般公共预算需要拨入资金，充实社会保险基金预算。人口老龄化的加深，导致拨入资金的规模还会进一步扩大。社会保险基金预算不宜与预算体系中的其他子预算直接联系，那样做只会肢解预算。其他子预算和社会保险基金预算的联系，只能通过一般公共预算。唯此，一般公共预算才能确立其在现代财政制度中的地位，促进国家治理的现代化。

十、结束语

没有收入，幸福肯定不会有。但是，幸福并不是随着收入的增加而同步增多。税收是公共政策体系的重要组成部分，但不能以税收取代其他公共政策工具。税收政策的运作环境已经发生变化。越来越多的新问题将会出现。机器人是否应该征税？这个过去从来不会有的税收问题，也出现了。"大国轻税"理念无疑需要与时俱进。合理的税制改革和税收政策调整，才能保证税收作用的一一落实。

税收争议越来越多是常态

税收是现代社会的公共话题。在计划经济年代，直接缴税的是企业和各种各样的单位。国有企业财务是国家财政的基础，税收的作用几乎被完全忽略。实行改革开放以后，个人所得税开征，对国有企业课征企业所得税的禁区被突破，增值税等新税种被引入，税收的作用得到了强调，税收成为国家调节企业利益关系的重要手段。

社会各界对税收问题极其关注的直接原因是税收对人们日常生活的影响越来越大。比如，个人所得税从无到有，从只是对极少数人征收到将较多的人牵涉其中。房地产市场调控中多次运用税收政策，二手房营业税政策的调整，重庆和上海两市对个人自用住房征收房产税的试点等，都受到社会各界的高度关注。车船税法修改由于直接关系汽车社会中的每一个纳税人，因而引发了人们的大量争议。

税收争议的增多，对人们税收意识的增强起到了促进作用。并且，个人直接支付税收的增多，给人们带来了更为明显的税负感。在这样的过程中，人们逐渐明白了税收与公共服务之间的直接联系，逐渐习惯了就税收话题表达自己的看法。有关部门应将税收争议的发生，视为普及税收知识和完善税制的契机，从而更好地促进税收工作的开展，更好地实现税收政策目标。

税收作用不宜夸大

当前，关于税收作用的争议很多。税收政策是公共政策的重要组成部分。公共政策目标的实现有赖于包括税收政策在内的多项政策形成的合力。因此，税收的作用不宜过分夸大。只有认识到税收的局限性，才能更好地发挥税收的作用。

税收的基本功能是筹集政府收入。与此同时，它也能承担一定的调节作用。正是从这个意义上说，税收工作不是简单的筹集税款的工作，而是一项政策性非常强的工作。

现实中出现的问题往往是多种因素综合作用的结果，必须深入地理解现实问题形成的原因，理解其中可能存在的税收因素，才有可能发挥税收作用。比如对税收在调节收入差距方面能发挥什么作用的问题，笔者认为，需要对收入分配问题的形成原因进行剖析。人们对收入分配的不满，更多地集中于收入初次分配环节。其实，只要收入来源是合理的，人们是能够承受较大的收入差距的。目前有效的做法应该是从整体制度设计入手，扭转收入分配中的不合理格局，特别是缩小垄断、国有资源管理制度等所带来的收入差距。也就是说，相关制度的完善比税收调节更为直接有效。

税收在环境保护上能发挥什么作用也是一个问题。环境保护同样需要多种公共政策的配合。对环境造成严重损害的某些行为，应予以禁止。对环境有一定破坏但在可承受范围内，又是经济社会发展所必需的某些行为，可以采取数量规制的做法。绿色税收体系的建立健全，旨在促进环境保护，其主要功能不是取得收入。因此，相关税收的减少，反而是一件好事。有人担心资源税税负容易转嫁，会给终端商品价格带来直接的影响。其实应当认识到，国际市场价格会对资源商品价格的调整形成制约。

税收工作已经不是一项简单的筹集收入的工作，税收政策早已是公共政策的重要组成部分。当前要特别注意的是，谨防以促进节能减排和调节收入分配的名义，出台超越税收能力的税收政策。

大国轻税需要税收法治性

2008 年的国际金融危机从西方开始，给全世界经济和社会发展都带来了严峻挑战。这让国内很多人对包括税收法定主义在内的西方理论产生了怀疑。国际金融危机产生的原因是多方面的，有基本制度方面的，也有具体制度设计方面的。但是，危机不能说明有比市场经济更好的经济制度存在，也无法否定税收法定主义在西方的价值，同样无法否定税收法定主义之于市场经济的价值。如果征税活动没有法律支撑，那么西方市场经济中所赖以运转的私人财产体系就无法得到充分的保障。正因为如此，税收法定主义在西方世界得到高度的推崇。当然，这并不意味西方的税收法定主义就一定符合我国目前的国情。西方国家税制是与市场经济同向成长起来的，从这个角度说，1978 年以来我国适应市场经济发展需要建立起来的税制是逆向成长起来的。在计划经济时期，税收作用不受重视，有多方面的原因。理论上有“非税论”的影响，实践上有计划经济体系较为严密的分配体系的影响，这决定了税收只是在较小范围内发挥作用。改革开放后，税收的地位得到提升，税收政策和法律法规的作用才得到更多强调。

然而，虽然我国国情与西方不同，税收的法治性却同样不可或缺。我国正在完善社会主义市场经济体制，税收的法治化是其中的一项重要内容，税制改革也必须结合我国税收的法治化进程进行。税收法治性不足，会影响税收的固定性，给各种经济活动带来诸多不确定性影响。目前，我国税收立法层次仍然偏低，实体税法只有屈指可数的企业所得税法、个人所得税法、车船税法，大量税收的取得依据的是条例甚至是暂行条例以及相关的规定通知。这种状况必须改变。

从现实来看，虽然如有关学者所言，大量的政府规章在有效地发挥作用，但是行政法规无论从内容上还是从实际运行上看，都容易导致税收制度的运行受到行政力量的过多干预，从而影响税收的确定性。政府规章便于更改，虽然有容易适应复杂的经济社会背景的优点，但相伴而生的大量“通知”和“函”，会导致税收制度更加复杂，不仅让纳税人难以理解，而且会使税务人员产生对制度理解的偏差。大量依靠政府规章征税是迫不得已的选择，其实用有效并不能否定税收立法的意义。相反，实用有效的政府规章恰恰需要通过法律的形式才能固定下来。税收法治性增强，能够给纳税人的消费、储蓄、投资，以及各种经济活动带来确定性的税收政策预期，从而尽可能地减少税收的扭曲性。

税收立法层次偏低这种状况应该尽快改变，这一点已为人们所认识，但是经济社会转型的复杂背景决定了税收立法不是一件容易做到的事。我国税法体系的完善必须结合整个国家的法治化进程同步进行。税收具有广泛的影响，需要协调不同人之间的利益关系，这也要求税收立法不能不审慎和小心。税收立法是技术含量极高的立法，不仅需要法律知识的支撑，也需要税收专业知识的支撑。税收立法任务重，决定其过程只能是一个渐进的过程，需要有重点地分步推进。

重视收入分配需要更多的公共政策工具配合

收入分配问题一直是全社会关注的热点话题。收入分配问题的解决方案可谓众说纷纭。不同的见解或来自于不同的分析视角，或源于对同一数据的不同解读。根据国家统计局公布的近年来的基尼系数数据，中国的收入分配问题不可谓不严重。基尼系数在 0.4 的警戒线之上的年头已经不少。公共政策目标的选择上不能不关注收入分配问题。追求社会公平正义目标也早已深入人心。现在所要讨论的是如何让这一目标得到更好的实现。

区分不同群体，选择不同的行动方案

收入分配政策从形式上有点像“劫富济贫”。政府能够用于帮助低收入者的资源只能来自于高收入者。但是，收入分配政策的选择不会太过于简单。现代社会日趋复杂，只有区分不同收入群体，选择不同的行动方案，收入分配政策才可能取得成功。对于现实中的低收入群体、中等收入群体和高收入群体，应有不同的收入分配政策方案。

现代国家多有最低生活保障线，这保证了收入处于最低水平的个人能够获得与经济社会发展水平大致相称的生活水平。各地生活成本费用不同，收入水平不同，因此，各地往往根据当地的实际情况，选择适合当地的最低生活保障线。城乡一体化尚未完成，但城市和乡村低收入群体都能得到政府的救助，只是救助水平可能有差异。当下的脱贫攻坚工程就是直接帮助低收入群体的工程，可以促进收入分配政策目标的实现。

中等收入群体需要予以特别帮助。收入分配政策要求扩大中等收入群体的规模。从国际经验来看，中等收入群体在人群中占比越高，社会就越稳定。这就是所谓低收入和高收入人数少、中间收入者多的“橄榄型社会”。“橄榄型社会”建设是社会稳定的需要。收入分配政策应该对这一收入群体积极鼓励。

收入分配政策作用对象最难处理的是所谓“高收入群体”。中国还是一个发展中国家，需要特别注意的是“伪”高收入群体。这个群体的名义收入，在社会中确实不算低，甚至在整个收入金字塔体系中也处于顶端。但是这里所谓的“高收入群体”，很可能只是我们亟待扩大的中等收入群体。他们极容易为不合理的公共政策工具所误伤。即使要调控高收入群体，也需要找到真正的“高收入群体”。这个群体并不好界定。现实中所谓的中等收入群体实际上也不属于真正的中产阶级。他们的收入水平距离发达国家的“中产阶级”还有不小的差距。对于他们，收入分配政策应该给他们创造更多的机会，帮助他们增加收入。这一点与针对低收入群体的收入分配政策是一样的。“救急”所解决的是燃眉之急，是眼前生活问题。仅此是不够的。他们更需要的应该是“输血”。收入分配政策应该帮助他们形成“造血机制”，并促进良性循环的形成。

征收遗产税不是解决收入分配问题的首选方案

征收遗产税，可以解决收入分配问题吗？有一种支持者认为，个人所得税征管存在漏洞，可以通过遗产税来最后把关。我们需要判断把关的可能性有多大。

遗产税的确是一种“劫富”的税种，但是，有意思的是，遗产税近些年在国际上越来越不流行。现实中，已不乏大幅度降低税率乃至取消遗产税的国家和地区。只有明了国际大趋势的原因，才能对动用遗产税调节收入分配的不可行性有更深刻的认识。只有对遗产税设立的目标有更准确的理解，才能更清晰地把握遗产税的未来走向。流行的观点是通过遗产税来调节贫富差距。富人离开人世，留下的遗产多，多收可以缩小财富差距。可是，在国际上，遗产税开征似乎不是为了更多的遗产税收入。开征遗产税的目标只是鼓励有钱人在生前把钱财捐出去。富人巴菲特当年捐了370亿美元做慈善事业。我们没见美国政府对此采取什么措施。发达国家富人捐款设立各种用途的信托基金的比比皆是，我们几乎也没看到各国税务局将此视为逃税行为。

世界潮流对遗产税的开征不利。在全球化时代，开征遗产税或遗产税税率较高的国家和地区，与不开征或税率较低的国家或地区相比，总是处于不利地位。财富转移屡见不鲜。开征遗产税不能不考虑财富转移的风险。一些国家和地区为了成为全球资产管理中心，降低遗产税税率乃至取消遗产税，正在吸引高税负的国家和地区的财富流入。一些国家和地区也因此不得不降低税率或取消遗产税来加以应对。世界潮流如此，中国没有必要逆潮流而行。

遗产税再好，也需要解决好征管问题，否则设立这样的税种不仅调节不了收入和财富分配，而且还带来税负不公、资本外逃、财富转移等问题。在相当长的一段时间内，要做到同样遗产同样税收待遇，几乎是不可能的。在现金交易普遍、个人收入监控制度还很不健全的条件下，财产信息同样很难公平地捕捉，遗产税的税收公平问题很难解决。财产有易于监控的，如上市公司的股票；也有很难监控的，如金银珠宝等等。遗产税一旦开征，易于监控的财产很可能就会逐步转换为不易监控的财产。包括字画玉石在内的收藏品就可能成为社会各界追逐的对象。遗产税扭曲经济行为的潜在可能，必须注意。

调节收入分配，需要更多的公共政策工具配合

初次收入分配的结果往往不能令人满意，这就需要有收入再分配和"第三次分配"。初次收入分配格局形成的原因很复杂。不同原因需要有不同的对策。

无论是什么样的初次收入分配结果，都需要有收入再分配政策加以应对。个人所得税经常被视为调节收入分配差距的重要公共政策工具，而实际上个人所得税在调节收入分配中的作用较为有限。就是未来个人所得税收入仍有上升空间，但是国际税收竞争已经大大弱化了个人所得税调节收入分配的作用。

国际上已经更多地强调社会保障和公共服务的改善在收入分配中的作用。社会保障覆盖面越广、保障水平越高，中低收入者的利益越容易得到保障。所有人都能得到最基本的社会保障，都能享受到与经济社会发展水平相称的基本社会福利。公共服务的改善能够给社会上分布于不同收入水平家庭的个人提供更多的公平机会。教育不仅仅是百年大计，而且个人受教育程度的多少与人力资本的形成有着密切的关系。所有人不管是在穷人家庭，还是在富人家庭成长，都有公平的接受教育的机会。更多更公平的受教育机会，将让中低收入者有更多的机会提高人力资本，更好地融入社会。医疗公共服务的改进可以降低个人和家庭的医疗费用

支出，“因病致贫”“因病返贫”问题将在很大程度上得到解决。其他公共服务的改进也有增加个人和家庭可支配收入的作用。缩小财富差距，更重要的是创造更多的公平机会。

调节收入差距，让收入分配更加合理，促进社会公平正义，更需要个人理念的变化，需要“第三次收入分配”。中国富人的大规模出现也不过三十多年。富人们还只是处于学习如何做富人的阶段。假以时日，他们必将找到一种既能实现个人意愿，又有利于社会发展的支配财富的办法。除了慈善事业这样的“第三次收入分配”，他们几乎没有别的选择。过去，国人习惯于留下钱财给子孙后代。但是，随着时代进步，各种社会保障制度的健全，子孙后代的后顾之忧在很大程度上消除。而且，仅仅保证子孙后代的基本生活水平，不需要耗费太多钱财。富人可以选择将钱财留给子孙，但这不见得就是最佳选择。况且，富人把过多的钱财留给子孙后代，实际上是剥夺了他们创造财富的乐趣。人生苦短，这种人生体验是钱财所不能赋予的。

公平理念的转变需要一个过程。收入分配问题仍然需要强调公共政策工具的作用。这里的公共政策工具必须是多样化的，是政府不同税收政策和支出政策以及规制政策的综合体。在当下，最需要强调的是收入分配政策工具应该是社会保障和公共服务政策。个人所得税在促进社会公平正义上仍要发挥作用，但应充分考虑国际税收竞争的影响。至于不时见到的遗产税，在相当长的一段时间内都不具备开征的条件。

对机器人课税的争议与出路

机器人代替人类劳动是未来社会的一个缩影

人工智能的发展，让人类必须正视自己的未来。2017 年 6 月 16 日，科幻片《异形 · 契约》在中国上映。电影所展示的场景是科幻的，但是那一天会不会到来呢？现实中已经有了各种各样的机器人。这些机器人在解放人类生产力的同时，也引发了各种争议。机器人作用的扩大，也引发了相关的税收问题。2017 年 2 月 16 日，欧洲议会就卢森堡议员玛蒂德尔沃提出的关于机器人的法律提案进行投票。该提案涉及机器人征税问题。机器人已经在工业、医疗、娱乐等多个领域运用。该提案的命运没有什么稀奇的，结果是 396 张反对票、123 张赞成票和 85 张弃权票。但是对机器人课税的争议并不会就此停止。

机器人替代人力劳动的领域越来越多。工业革命时代的那一幕似乎在重演。工业化大生产之后，越来越多的劳动机会为机器所替代。相当数量的工人不能适应这一变化，就业机会逐步减少。但是，在市场经济条件下，我们没有看到因此而对机器额外征税。相反，为了保全资本，固定资产的折旧费用依旧照常提取，而且为了鼓励投资，加速折旧法等更加有利于资本的优惠折旧提取办法得到了广泛运用。工业革命时代的影响是人们生活方式的转变。人们不再像在传统社会那样一直工作到年老丧失劳动力为止，退休制度因此确立起来。机器取代劳动的结果是人们有了更多的休闲时光和更加丰富多彩的生活。

机器人替代人力劳动，说白了只是机器取代劳动的升级版，从本质上说并无特殊之处。这看上去特殊，是因为这一轮机器人的替代涉及面广，各行各业都有机器人或类似的可以自动完成某些劳动的机器设备，各行各业就业的机会都可能要减少。机器人已不是过去只会执行简单的笨重任务重复劳动的机器人，而是变得比过去更加聪明，机器人的智能程度已经大大提高，甚至具备了学习能力。在这样的背景下，机器人越来越像人，甚至在许多情况下比人类还能适应环境的变化。人类自然希望自己更方便地利用智能技术，利用智能机器人，但是那些没有脾气没有心理生理变化并且具备了学习能力的机器人会顺从人类的意愿吗？即使智能机器人攻击人类只是小概率事件，但小概率事件最终是会到来的。面对人工智能技术的发展，人类还有什么好的对策？

比尔·盖茨支持对机器人课税

微软公司创始人比尔·盖茨建议对机器人课税，这有点骇人听闻。按理，他是计算机技术发展的重要推动者，提出这样的看法显得有点保守。且看他的理由：人类工人在工厂里工作，创造价值之后，相应的收入会被课税，要缴纳所得税、社会保障税等等，机器人从事同样的工作为什么就不应该课税呢？这样的看法支持了我们应该对机器人征收同样水平的税金的观点。在他看来，显然对同样创造价值活动的机器人和人类一样课税，看上去更加公平。关于对机器人课税可能影响创新，他的看法是：机器人导致失业，属于人类净损失，提高税率甚至减缓机器人应用的速度，来想清楚那些受到特别大冲击的群体怎么办，什么样的过渡项目是有用的，需要什么类型的资金支持？如果对于创新的结果，人们整体上恐惧大于热情，是不好的，那么这意味着人们不会积极地去寻找相应的创新。

耶鲁大学教授、2013 年诺贝尔经济学奖得主罗伯特·席勒很支持比尔·盖茨的观点。他认为，机器人取代人类劳动在许多领域都有进展，如果这些以及其他替代人工的创新取得成功，对机器人征税的呼声肯定会越来越多，因为人们失业时很多人类问题就会出现，特别是，一些人的工作人们需要为之准备多年才能得到。虽然乐观的人们认为这些失业者总能找到新工作，但在他看来，机器人革命越来越快，工作恐怕会越来越难找。他显然认同对机器人课税，可以（至少暂时）减缓这个进程并为财政调整提供经费（如为失业工人再培训）的观点。他不支持税基无法确定就不同意对机器人课税的观点。在他看来，在过渡到一个不同的工作世界期间，让我们至少不要这么快就否决适度对机器人征税这件事，而应该将其纳入管控机器人革命后果这个宏伟计划之中。他认为，除了“一次性总额税”（例如人头税，作者注）之外，所有的税都会扭曲经济，显然这是说从经济效率视角否认开征机器人税是不合适的。他还试图从缩小收入差距为对机器人课税找到理由。缩小不断扩大的收入差距，激进的做法是征收个人所得税和设定更高的“最低收入标准”，但这些措施有点不得人心，不容易得到支持。缓解机器人革命带来的收入差距，必须重塑税制。与只向高收入人群课税相比，征收机器人税在政治上更可行，也更可能持续下去。在他看来，为了解决不断扩大的收入不公问题，对机器人适度征税——即使是一种临时税，只要能放缓颠覆性技术前进的脚步——似乎是一种自然而然的举措；相应的税收收入可以用于帮助被新技术夺去饭碗的人们完成再就业的过渡。

哈佛教授萨默斯认为对机器人课税是错误的

著名经济学家、哈佛大学教授、美国前财长劳伦斯·萨默斯认为对机器人课税的选择是错误的。只将机器人列为就业的破坏者毫无道理，发放登机牌的自助终端、加快文件制作的文字处理程序、手机银行技术、自动驾驶汽车、通过预防疾病而破坏医药行业就业的疫苗同样影响就业。很多创新可以减少劳动力投入但获得更多更好的产出，凭什么选择对机器人课税？在他看来，征税也有技术难题需要克服，但要把劳动力节约型活动与劳动力提高型活动区别开来，税务局是否有能力也是存疑的。而且，大量创新活动（包括涉及机器人的活动）关乎生产出质量更好的产品和服务，而不是仅仅用同样的投入获得更多的产出。总之，他不主张对机器人课税。

机器人课税难题只是未来社会税收难题的一种表现

对机器人课税可以暂时缓解失业和不平等问题，延缓人类对创新的恐惧。虽然这样也说得过去，但是由于人工智能技术的不确定性，需要认真思考对策的时候已到。有人说对机器人课税是无稽之谈。这样的说法在人工智能技术还处于初级阶段的时候，不觉得奇怪。在当今社会，当 AlpahGo 击败世界排名第一的围棋手柯洁时，当 AlphaGo 的主人——人工智能研究团队不再将围棋作为应对目标时，显然，人类无法再继续傲慢。上帝要让人灭亡，必让他先疯狂。人工智能技术倘若有机会灭掉人类，那也只能说是自作孽。科学与人文的协调至少需要同步进行，或者人文研究应该走在前列。人工智能，特别是深度学习技术的发展，让地球上的人类遇到了前所未有的挑战。

对机器人课税，就可以帮助人类实现目标吗？有些人认为，如果只是部分国家和地区征税，那么课税必然会损害它们自身的竞争力。那么如果各个国家各个地区同时行动呢？显然还没有从根本上解决是否应该对机器人课税的问题。机器人是不是人？它能不能承担税负？公司不是人，是创造出来的“法人”。为什么可以对公司课税，就不能对机器人课税？显然，我们需要说明机器人和公司有什么不一样。公司是人建立起来的。机器人呢？也是人工制造的。可以对公司课税，就不能对机器人课税？逻辑上必须说清。公司承担有限责任，缴纳所得税是只承担有限责任的代价。那么对机器人课税的实质是什么？至少在当下，对机器人课税，还是在对资本课税。而在市场经济条件下，没有资本的保全，经济社会发展的最基本的激励在哪里？这恐怕是对机器人课税应该优先解决的问题。对机器人课税真的就会减轻人类的负担，至少在目前答案是有争议的。但就现实而言，即使要对机器人课税，也得有一套能够形成共识的方案，由于各种各样的技术困难，这样的方案在短期内是见不到的。

机器人正在取代越来越多的人类劳动。经济社会的变迁，势必对税收制度和税收政策的选择产生根本性的影响。税收只是政府取得收入的一种主要形式。未来国家会怎么运作？政府会不会选择其他方式筹集收入呢？也许，这是一个遥远的课题。只要国家存在，国际竞争就会要求各国政府高效运作，“大国轻税”的理念就将持续存在。

参考文献

[1] 汪丁丁. 知识表达、知识互补性、知识产权均衡［J］. 经济研究，2002（10）.

[2] 汪丁丁. 知识沿时间和空间的互补性以及相关的经济学［J］. 经济研究，1997（6）.

[3] 杨志勇，张馨. 公共经济学［M］. 北京：清华大学出版社，2013.

[4] 杨志勇. 税收经济学［M］. 大连：东北财经大学出版社，2011.

[5] 杨志勇. 现代财政制度探索：国家治理视角下的中国财税改革［M］. 广州：广东经济出版社，2015.

[6] 杨志勇. 现代税收思想的渊源与发展［J］. 税务研究，2017（5）.

[7] H. 培顿·扬. 个人策略与社会结构——制度的演化理论［M］. 王勇，译，上海：上海三联书店，2004.

后　记

税收和现代人的关系太密切了。市场上一些似是而非的税收主题书籍，在一定程度上误导了读者。

税收话题谁都可以发言，谁也无法限制人们就自己感兴趣的话题发言的权利。但是，税收知识的专业性决定了这是一个有门槛的领域。在专业领域是常识的知识，却不能得到有效普及，结果是人们，特别是有影响力的人可能在犯错。与其让上帝笑，还不如用点时间，了解点相关专业知识。

我希望有更多的读者，而不仅仅是从事财税专业研究的读者，可以通过阅读本书，在较短的时间内，了解税收专业基础知识，较全面地把握中国税收制度和税收政策的未来演变趋势。当然，本书对于专业读者亦有参考价值。

未来，不确定性依然存在。不确定性不是无法预测的，因为未来的演变仍然有逻辑可循，税收制度和税收政策同样如此。本书在很大程度上就是在探寻税收的逻辑。

关于税收热点问题，我在《21 世纪经济报道》《经济观察报》《税务研究》《国际税收》等发表了一系列文章。本书即基于这些文章，并参考本人编写的财税基础教科书整理而成。感谢相关编辑的支持！

感谢中国社会科学院财经战略研究院的领导和同事为我提供了良好的工作环境！

感谢广东经济出版社的支持，感谢温键键老师的精心编辑。

杨志勇

中国社会科学院财经战略研究院 研究员

中国社会科学院财政税收研究中心 主任

2017 年 12 月 5 日 北京海淀